William Montgomery Watt

Kurze Geschichte des Islam

Deutsche Erstausgabe

William Montgomery Watt

Kurze Geschichte des Islam

Aus dem Englischen
von Gennaro Ghirardelli

Verlag Klaus Wagenbach Berlin

Die Originalausgabe erschien 1999 unter dem Titel *Islam. A short history* bei Oneworld Publications in Oxford.

Wagenbachs Taschenbuch 454
Deutsche Erstausgabe

Umschlaggestaltung Julie August, Berlin unter Verwendung einer arabischen Kalligraphie
Das Karnickel auf Seite 1 zeichnete Horst Rudolph
Gesetzt aus der Minion und der Imago medium von Julie August
Gedruckt und gebunden bei Pustet, Regensburg

ISBN 3 8031 2454 9

Einleitung

Das vordringlichste Anliegen dieses Buchs wird es sein, dem westlichen Leser ein positives Verständnis des Islam, seiner Ursprünge, seiner Geschichte und seiner Glaubensinhalte zu vermitteln, und es bleibt zu hoffen, daß es auch für den muslimischen Leser manches Wissenswerte enthält. Das Buch geht vom Glauben aus, daß Muhammad ein von Gott zu einem bestimmten Zweck auserwählter Prophet und die Verbreitung des Islam in der Welt Gottes Wille war. Zugleich ist das Buch den wichtigsten intellektuellen Grundsätzen des Westens, insbesondere der kritischen Geschichtsbetrachtung, verpflichtet und weicht dementsprechend von einigen überlieferten Ansichten der Muslime über die Geschichte ihrer Religion ab.

Für die Darstellung islamischer Glaubensinhalte wird der Koran herangezogen; die Übersetzung stammt von mir selbst.[1] In einem Punkt bin ich von der gängigen Transliteration arabischer Worte und Namen abgewichen. Während der bestimmte arabische Artikel *al-* stets mit »l« geschrieben wird, kommt es in gewissen Fällen bei der Aussprache zu einer Assimilierung mit dem Konsonanten des folgenden Wortes; in diesen Fällen habe ich die Schreibweise nach der Aussprache gewählt.

1. Die Anfänge

Arabien und Mekka vor dem Islam

Um die frühe Geschichte der islamischen Religion verstehen zu können, muß man einiges über die Lebensbedingungen zu jener Zeit in Arabien wissen. Die meisten seiner Bewohner gehörten nomadischen Stämmen an, obwohl es auch einige seßhafte Stämme oder Stammesgruppen und kleinere Städte wie Mekka gab. Die Nomaden lebten von der Kamelzucht und von anderen Tieren und waren mit ihrer Lebensweise von den geographischen Gegebenheiten abhängig. In den meisten Teilen des Gebiets fiel nur selten und wenig Regen. Nach einer Regenperiode kam es in den betroffenen Gebieten für einige Wochen zu üppiger Vegetation, und der Stamm zog dorthin. War die Vegetation auf diesen Weiden jedoch erschöpft, mußte man Orte mit Brunnen und ganzjährigem Buschwerk aufsuchen. Jeder Stamm benötigte deshalb ein weit größeres Gebiet als nur das, wo er sich zu einer bestimmten Zeit gerade bewegte. Es gab Übereinkünfte über das Gebiet, in dem ein Stamm Weiderechte beanspruchte, und ein starker Stamm vermochte dieses Recht auch mit Gewalt durchzusetzen. Wurde ein Stamm zu schwach, um seine Rechte wahrzunehmen, konnte er bei einem stärkeren Unterstützung und Schutz suchen. Solche Hilfs- und Schutzbeziehungen waren recht verbreitet.

Die arabischen Nomaden hatten offenbar viele Götter, doch scheinen diese nicht allzu wichtig gewesen zu sein. Sie glaubten fest daran, daß die bedeutendsten Ereignisse im Leben eines Menschen von unpersönlichen Mächten wie Zeit und Schicksal bestimmt wurden. So heißt es im Koran: »Und sie sagen: ›Es gibt nur unser diesseitiges Leben. Wir sterben und leben, und nur die Zeit läßt uns zugrunde gehen‹« (45.24). Ihr tiefster Glaube scheint in einer Art tribaler Humanitätslehre bestanden zu haben, die von einer starken dichterischen Tradition genährt wurde. Die Dichter feierten die Taten einzelner Helden, doch sie wurden mehr der hervorragenden Stammesherkunft als der persönlichen Fähigkeit zugeschrieben; die meisten Araber sahen darin den Sinn des Lebens. Es gab auch etwas, was man, in Verbindung mit dem Stammessystem, einen ethischen Code nennen könnte: Ein Stamm oder eine Sippe war für die Vergehen der Angehörigen verantwortlich, und das Prinzip der Vergeltung wurde allgemein beachtet. Dies führte häufig zu schweren und langen Blutrachefällen, eines der Probleme, mit denen sich Muhammad auseinandersetzen mußte. Außerdem wurde von den führenden Männern eines Stammes auch erwartet, daß sie sich unter anderem um schwächere Stammesangehörige kümmerten.

Mekka nahm eine Art Sonderstellung ein. Es war keine Oase, doch gab es genügend Wasser aus Brunnen für die feste Niederlassung einer kleinen Gemeinschaft. Diese versammelte sich um ein annähernd kubusförmiges Heiligtum, die Ka^{c}ba, in dessen eine Ecke »der schwarze Stein« eingefügt war. Möglicherweise handelte es sich dabei um einen Meteoriten, dem divinatorische Eigenschaften zugesprochen wurden. Der Bereich um die Ka^{c}ba, der Haram, war heiliger Bezirk, während das weitere Gebiet um Mekka herum für graduell heilig galt. Dies ermöglichte es den Nomaden, in der Nähe von Mekka Jahresmärkte abzuhalten, da innerhalb des heiligen Bezirks Stammesfehden zeitweilig außer Kraft gesetzt waren. Bei den Stämmen galten auch bestimmte Monate als heilig, und in solchen Monaten fanden die jährlichen Märkte statt. Demgemäß wurde Mekka zu einem wichtigen wirtschaftlichen Zentrum.

Im 6. nachchristlichen Jahrhundert war Großsyrien und Ägypten Teil des byzantinischen Reiches, während Irak zum sasanidischen Reich (Persien) gehörte. Aufgrund der ständigen Kriege zwischen den zwei Reichen war die Handelsroute von Indien über Irak und den Persischen Golf nach Aleppo und dem Mittelmeer unterbrochen. Die mekkanischen Händler nutzten die Gelegenheit, so daß um 600 n. Chr. ein Großteil des Handels von Jemen über Mekka nach Gaza, Damaskus und Aleppo mit ihren Kamelkarawanen abgewickelt wurde. Sie kontrollierten auch viele der Einrichtungen entlang dieses Weges und schlossen Nichtmekkaner wie die Jemeniten rücksichtslos vom Karawanenhandel aus. Auf diese Weise gelangten sie zwar zu erheblichem Wohlstand, ihre ethischen Grundsätze jedoch zerfielen. Denn die traditionellen Werte von Mekka entsprachen denen der Nomadenstämme und waren für eine Handelsniederlassung nun nicht mehr geeignet. Deshalb gaben die Händler manchmal Geschäftspartnern aus anderen Stammesgruppen den Vorzug und vernachlässigten die traditionellen Pflichten eines Sippenchefs (was die meisten von ihnen waren), sich um die armen und schwachen Angehörigen ihrer eigenen Stammesgruppe zu kümmern.

Fast alle Einwohner von Mekka gehörten zu dem großen Stamm der Quraisch, doch gab es auch Handwerker aus dem byzantinischen Reich und anderswoher, die lange Zeit in Mekka verbrachten. Die Quraisch setzten sich aus etwa einem Dutzend Sippen zusammen, die zeitweise in zwei bis drei rivalisierende Gruppen zerfielen. Gemeinsame wirtschaftliche Interessen verhinderten indessen schwerere Zusammenstöße zwischen Sippen oder Stammesgruppen.

Muhammads junge Jahre und Berufung

Muhammad gehörte zur Sippe oder zur Stammesgruppe der Haschim, deren Chef sein Großvater ^{c}Abd al-Muttalib war. Wie andere führende Männer war ^{c}Abd al-Muttalib Händler, wenn auch womöglich weniger bedeutend und erfolgreich als die Biographen Muhammads behaupten. Muhammads Vater ^{c}Abd Allah war ebenfalls Händler, starb jedoch auf dem Rückweg von einer Reise nach Syrien in Medina noch vor der Geburt Muhammads.

Muhammads Geburt dürfte etwa in das Jahr 570 n. Chr. fallen. Seine frühe Kindheit verbrachte er bei seiner Mutter, doch starb diese, als er sechs Jahre alt war. Eine Zeitlang wurde er zu einer Amme gegeben, die zu einem Nomadenstamm gehörte. Dies war nicht ungewöhnlich, viele Mütter gaben ihre Kinder den Nomaden mit, da man das Leben in der Steppe für gesünder hielt als in Mekka. Nach dem Tod seiner Mutter Amina lebte Muhammad bis zu seinem achten Lebensjahr bei seinem Großvater. Nach dessen Tod kümmerte sich sein Onkel Abu Talib um ihn. Als er alt genug war, unternahm Muhammad mit seinem Onkel Handelsreisen nach Syrien. Aufgrund seiner Erfahrung gab ihm eine wohlhabende Witwe namens Chadidscha, die selbst Händlerin war, während einer Reise nach Syrien ihre Waren in Kommission. Nachdem sie mit der Ausführung des Auftrags sehr zufrieden war, bot sie ihm die Heirat an, was er annahm. Er soll etwa fünfundzwanzig Jahre alt gewesen sein, sie dagegen um die vierzig; dennoch soll sie ihm noch mindestens sechs Kinder geboren haben, Knaben, die starben, und die vier Mädchen Umm Kulthum, Zainab, Ruqaiya und Fatima. Nach der Heirat konnte Muhammad das Kapital seiner Frau nutzen, um zusammen mit einem Kompagnon für sie Geschäfte zu führen und Handel zu treiben. Zuvor verfügte er über kein eigenes Kapital, weil es Personen unter einem gewissen Alter nicht erlaubt war, ein Erbe anzutreten, so daß von seinem Vater und Großvater nichts für ihn abfiel. Dies geht ohne Zweifel auf einen nomadischen Brauch zurück, da ein kleiner Junge nicht in der Lage war, eine Kamelherde zu hüten.

Muhammad war ein nachdenklicher Mensch und pflegte sich jedes Jahr einmal in eine Höhle am Berg Hira in der Nähe von Mekka zurückzuziehen. Dort versenkte er sich wohl in Reflexionen über religiöse Dinge und dachte über die sozialen Probleme nach, denen sich die mekkanische Gemeinde mit wachsendem Wohlstand ausgesetzt sah. Sein Augenmerk richtete sich wahrscheinlich schon deshalb darauf, weil er selbst bis zur Heirat mit Chadidscha von den wichtigsten Handelsgeschäften ausgeschlossen war. Mit etwa 40 Jahren hatte er ein eigenartiges Erlebnis. Er hörte eine Stimme sagen: »Trag vor!« Er antwortete: »Was soll ich vortragen?«, und die Stimme fuhr fort: »Trag vor im Namen deines Herrn, der erschaffen hat, den Menschen aus einem Embryo erschaffen hat! Trag vor! Dein höchst edelmütiger Herr ist es ja, der den Gebrauch des Schreibrohrs gelehrt hat, den Menschen gelehrt hat, was er nicht wußte.« Dies ist die Eröffnung der Koransure al-ᶜAlaq (96). Muhammad verwirrte das Erlebnis, doch als er nach Hause zurückkehrte und Chadidscha davon berichtete, sprach diese mit ihrem Verwandten Waraqa, der Bibelkenntnisse besaß und möglicherweise sogar Christ war. Waraqa meinte, daß Muhammad etwas ähnliches wie Moses widerfahren sei. Darum oder aus anderen Gründen glaubte Muhammad, daß die Worte, die er gehört und daraufhin gesprochen hatte, eine Offenbarung Gottes gewesen seien.

Dieser Bericht von der ersten Offenbarung ist wahrscheinlich die echte Version, doch muß festgehalten werden, daß es auch eine andere gibt. Das hier mit »vortragen« übersetzte Wort ist *iqra'* und kann auch »lesen« bedeuten. Muhammads Antwort war *ma aqra'u,* was heißen kann: »Was soll ich vortragen /lesen?« oder »Ich trage nicht vor/lese nicht«. Die unwahrscheinlichere Version der Geschichte hält die Bedeutung »lesen« und Muhammads Antwort »ich lese nicht« für die ursprüngliche Fassung. Dennoch scheint diese zweite Interpretation des Geschehens auf spätere Gelehrte zurückzugehen, die davon ausgingen, daß Muhammad des Lesens unkundig war, was die göttliche Herkunft der Botschaft bewiese. Auch deuteten sie die Anrede des Korans für Muhammad, *an-nabi al-ummi*, mit »der des Lesens unkundige Prophet«, obwohl für das damalige Publikum das Wort *ummi* wahrscheinlich »heidnisch« beziehungsweise »nichtjüdisch« meinte.

Muhammad selbst beharrte darauf, daß er den Koran nicht selbst geschrieben habe, sondern daß er ihm von außen eingegeben worden sei, und zuverlässige Untersuchungen bestätigen diese Annahme. Er glaubte auch, daß der Koran letztlich von Gott komme; und auch dies sollte von Nichtmuslimen im Namen eines interkonfessionellen Verständnisses am Ende des zwanzigsten Jahrhunderts akzeptiert werden. Nichtsdestoweniger wußten frühe Kritiker des Korans wie Johannes von Damaskus (gestorben 750), Sekretär eines muslimischen Herrschers, um die Hinweise auf die Bibel darin und dachten deshalb, Muhammad habe den Koran selbst zusammengestellt, indem er übernahm, was er aus der Bibel kannte. Um dieser Behauptung entgegenzutreten, brachten die muslimischen Gelehrten die Doktrin von Muhammads Analphabetentum auf.

Es ist freilich kein gutes Argument, da Muhammad, selbst wenn er nicht lesen konnte, sich die Bibel oder die Geschichten, die auf sie Bezug nehmen, hätte vorlesen lassen können. Vermutlich gab es in Mekka Leute, die, wie Waraqa, über einige Bibelkenntnisse verfügten. Heutige genauere Untersuchungen des Korans zeigen jedoch, daß das Wissen um biblische Geschichten und Ereignisse darin gering ist, während er tiefe Wahrheiten über das Wesen Gottes und die Menschengattung enthält. Aus diesem Grund sollten auch Nichtmuslime den Glauben akzeptieren, daß der Koran auf irgendeine Weise von Gott komme.

Es gibt eine andere Stelle, von der manchmal behauptet wird, sie sei als erste offenbart worden:

Der du dich zugedeckt hast!
Stell dich auf und warne!
Und preise deinen Herrn,
reinige deine Kleider
und meide die Besudelung!
und sei nicht wohltätig in Erwartung von Gegengaben,
so daß du dir mehr verschaffst.
Und sei geduldig in Erwartung deines Herrn! **74.1-7**

Wahrscheinlich war dies nicht die erste Offenbarung, doch bezeichnen die Worte »stell dich auf und warne« den Moment, an dem Muhammad die göttliche Botschaft verkünden mußte, und das war der Beginn seines öffentlichen Wirkens. Manche Kommentatoren meinen, daß mit »Besudelung« Idolatrie gemeint sei. Die Bedeutung »zugedeckt« mag ein Hinweis darauf sein, daß Muhammad unter einem Mantel oder Überwurf Zuflucht vor der unsichtbaren Macht suchte oder aber, um eine Offenbarung hervorzurufen.

Bis auf eine Unterbrechung in den frühen Jahren empfing Muhammad während seines ganzen restlichen Lebens göttliche Offenbarungen. Sie wurden zuerst von ihm und dann auch von seinen Anhängern vorgetragen und erinnert. Später wurden sie zum Teil von ihm selbst zusammengestellt, danach teilweise auch von anderen. Muhammad ließ einige Offenbarungen für sich aufschreiben, und ein oder zwei Anhänger schrieben ebenfalls welche nieder. Diese Offenbarungen bilden den überlieferten *qur'an* (Koran) oder »Vortrag«. Die Offenbarungen stellten sich zu verschiedenen Zeiten auf verschiedene Weise ein. Einige sind in einem Koranvers erwähnt: »Und es steht keinem Menschen an, daß Gott mit ihm spricht, es sei denn durch Eingebung oder hinter einem Vorhang, oder indem er einen Boten sendet, der (ihm) dann mit seiner Erlaubnis eingibt, was er will« (42.51).

Der hier erwähnte Bote ist der Engel Gabriel, denn in einem anderen Vers sind folgende Worte an Muhammad gerichtet: »Sag: Wenn einer dem Gabriel feind ist – und der hat ihn (den Koran) doch mit Gottes Erlaubnis dir ins Herz kommen lassen, als Bestätigung dessen, was vor ihm da war« (2.97). (Der letzte Satz nimmt Bezug auf frühere Schriften.) Muslimische Gelehrte legten Listen über die »Arten der Offenbarung« an und fanden neben den in den Versen erwähnten noch weitere; die genauere Interpretation von Einzelheiten ist jedoch bisweilen unterschiedlich. Die Gelehrten sind der Meinung, daß in Muhammads späteren Jahren die Offenbarungen in der Regel vom Engel Gabriel überbracht wurden. Die erste Offenbarung indessen scheint in nichts anderem als dem Erklingen einer Stimme bestanden zu haben.

Die Reaktion in Mekka

Von Anfang an teilte Muhammad die Botschaften, die er über die Offenbarungen empfangen hatte, seiner Frau Chadidscha mit, und sie war die erste, die an ihn als Propheten glaubte und Muslimin wurde. In der Folge verkündete er die Botschaften einem immer größer werdenden Kreis, womit er bei seiner Familie begann. Dazu gehörte auch sein Vetter ᶜAli, Sohn des Talib, ein Knabe von neun oder zehn Jahren, sowie der etwa 20-jährige Zaid ibn Haritha, der als Sklave zu Chadidscha gekommen war und nach seiner Freilassung beschloß, bei ihr und Muhammad zu bleiben. Ein anderer früher Muslim war Muhammads bester Freund, der zwei Jahre jüngere Abu Bakr. Muslimische Gelehrte sind uneins darüber, wer von den dreien der erste männliche Muslim gewesen war, doch ist die Frage für das Verständnis des Islam bedeutungslos.

Mit der Zeit wurden die Botschaften, wenn auch immer noch im privaten Rahmen, weiteren Freunden und Bekannten mitgeteilt. Der Beginn seiner öffentlichen Predigten wird normalerweise auf das Jahr 613 angesetzt, drei Jahre, nachdem er die erste Offenbarung empfangen hatte. Um diese Zeit soll er sich tagsüber im Haus von al-Arqam aufgehalten und 39 Anhänger gehabt haben. Al-Arqam war ein reicher junger Mann mit einem Haus im Zentrum von Mekka, das er Muhammad und denen, die dessen Botschaft hören wollten, für Zusammenkünfte zur Verfügung stellte. Diese Vereinbarung dauerte nur kurze Zeit, und Muslime späterer Zeiten rühmten sich gern, daß ihre Vorfahren schon vor Muhammads Wirken im Hause al-Arqams oder zu dieser Zeit Muslime geworden waren.

In den frühen Jahren waren die Mehrzahl der Gefolgsleute Muhammads junge Männer aus den wohlhabendsten und mächtigsten Familien und Sippen – jüngere Brüder, Söhne oder Vettern der wichtigsten Händler. Es gab auch Männer aus weniger mächtigen Sippen, die etwas älter waren, wenn auch offenbar keiner außer Abu Bakr älter als 35 Jahre war. Dann gab es noch einige Personen von außerhalb Mekkas, etwa Angehörige nomadischer Stämme oder abessinische Sklaven, die keinen nennenswerten Schutz durch eine Sippe genossen. Araber von außerhalb Mekkas wurden Verbündete einer Sippe, ohne daß dies Ausdruck eines niedrigeren Status war, und ein solcher arabischer Verbündeter war sogar anerkannter Chef der mekkanischen Sippe.

Es ist wichtig, daß man versteht, was diese Männer an der neuen, von Muhammad gepredigten Religion so faszinierte. Dazu sind die Momente, die in den ersten Offenbarungen betont wurden, genauer zu betrachten. Der Koran ist nicht chronologisch geordnet, aber sowohl muslimische als auch nichtmuslimische Gelehrte verwandten große Mühe darauf, die verschiedenen Suren und Textstellen wenigstens ungefähr zu datieren. Obwohl über die Datierungen immer noch große

Meinungsverschiedenheiten bestehen, gibt es in den Passagen, die allgemein als frühe angesehen werden, fünf hervorstechende Merkmale:

1. Viel wird über Gottes Güte und Macht gesagt. Die Passage, die gemeinhin als die früheste angesehen wird (96.1-8), spricht davon, daß Gott den Menschen aus einem Blutklümpchen (oder Embryo) formte, was an anderen Stellen noch weiter ausgeführt wird. Dann gibt es auch Hinweise auf Gottes Schöpferkraft in der Natur:

   Sehen sie denn nicht die Kamele,
   wie sie geschaffen worden sind,
   den Himmel, wie er emporgehoben worden ist,
   die Berge, wie sie aufgestellt worden sind,
   und die Erde, wie sie ausgebreitet worden ist? **88.17-20**

   Gottes Güte zeigt sich in der Art, wie er für Nahrung und den Unterhalt seiner Geschöpfe sorgt:

   Der Mensch möge doch sein Augenmerk
   auf seine Nahrung richten,
   daß wir das Wasser in Strömen herabkommen lassen
   und hierauf die Erde überall aufspalten
   und Korn auf ihr wachsen lassen,
   Weinstöcke und Gezweig,
   Ölbäume und Palmen,
   dicht bewachsene Gärten,
   Früchte und Futter. **80.24-31**

2. Es wird der Tag kommen – der Letzte Tag oder der Tag des Gerichts –, wo die Menschen vor Gott stehen werden und Zeugnis ablegen müssen von ihrem gerechten oder ungerechten Leben in dieser Welt. Der Gute wird in das Paradies (oder den Himmel) eingehen, und der Schlechte kommt in die Hölle. Die Worte »Stell dich auf und warne!« (74.2) beziehen sich auf das Gericht. Die erschreckenderen Beschreibun-

gen der Hölle im Koran tauchen allerdings nicht an den frühesten Stellen auf. Eine relativ frühe Darstellung ist:

Wenn der Himmel zerbricht,
auf seinen Herrn hört und es schicklich für ihn ist,
wenn die Erde ausgebreitet wird,
auswirft, was sie in sich hat, sich entleert,
auf ihren Herrn hört und es schicklich für sie ist!
Du Mensch, du strebst mit allen deinem Bemühen
deinem Herrn zu, und so wirst du ihm begegnen.
Wem seine Schrift in seine Rechte gegeben wird,
mit dem wird glimpflich abgerechnet werden,
und er wird froh zu seinen Angehörigen zurückkehren.
Wem dagegen seine Schrift von hinten her gegeben wird,
der wird ach und weh schreien
und in einem Höllenbrand schmoren. **84.1-12**

3. Weil Gott mächtig und gut ist, müssen ihn die Menschen ehren und ihm dankbar sein. Von Anfang an scheinen die Muslime mit Muhammad zusammen gebetet und das vorgeschriebene Ritual (*salat*) vollzogen zu haben; dies umfaßte die Niederwerfung und das Berühren des Bodens mit der Stirn im Bewußtsein der Allmacht Gottes und der eigenen Nichtigkeit vor seinem Angesicht.

4. Gott erwartet Freigebigkeit. Muhammad wurde gesagt: »Gegen die Waise sollst du deshalb nicht gewalttätig sein, und den Bettler sollst du nicht anfahren« (93.6-10). Die vermutlich recht verbreitete Haltung der Reichen von Mekka wurde verdammt:

Wehe jedem Stichler und Nörgler,
der viel Geld und Gut zusammenbringt und es zählt
und meint, sein Besitz würde ihn unsterblich machen. **104.1-3**

Beschrieben wird auch eine Person, die am Tag des Gerichts eine harte Behandlung erfährt:

Er hat nicht an den gewaltigen Gott geglaubt
und nicht dazu angehalten, den Armen zu essen zu geben.
Hier hat er nun keinen Freund. **69.33-35**

Einige dieser Verse gehören nicht zu den allerfrühesten, aber doch noch zu den früheren. Interessant ist, daß der großzügige Umgang mit Reichtum tatsächlich den einzigen Aspekt menschlichen Verhaltens darstellt, der in den Versen aus dieser Zeit auftaucht.

5. Muhammads persönliche Berufung findet wenig Erwähnung. Er wurde aufgefordert, »Stell dich auf und warne!«, einer zu sein, der warnt (87.9). Mit anderen Worten, seine wichtigste Funktion besteht in der Übermittlung der empfangenen Botschaften an jene, denen sie zugedacht waren. Erst später, als sich die Opposition formiert hatte, wurde er als Anführer von denen, die seine Botschaften aufnahmen, »Prophet« (*nabi*) und »der Gesandte Gottes« (*rasul Allah*) genannt. Dies wurde bei Muslimen seine gängige Anrede; *rasul* meint »einen, der gesandt wurde« und damit »Apostel«, doch wird die Übersetzung »Gesandter« heute vorgezogen.

Eine Betrachtung dieser fünf Punkte hilft uns zu verstehen, was die Menschen dazu brachte, die von Muhammad empfangenen Offenbarungen zu akzeptieren. Die alte tribale Lebensweise mit ihrem überlieferten Stolz auf die Taten des Stammes oder der Sippe war im Verschwinden begriffen. Die reichen Sippenchefs wurden Einzelpersonen, die ihre traditionellen Pflichten vernachlässigten. Diejenigen, die nicht zu den Wohlhabenden und Mächtigen gehörten, erfuhren nun die Bedeutungslosigkeit ihrer Existenz. Der Koran wies darauf hin, daß der Sinn des Daseins nicht in der Akkumulierung von Reichtum und Macht lag und die wohlhabenden Händler nicht so reich waren, wie sie meinten, da es über allem einen allmächtigen Gott gab. Sinn erhielt das Dasein durch ein aufrechtes Leben, so wie Gott es von den Menschen erwartete. Es überrascht daher nicht, daß viele Leute, insbesondere junge Männer, begeisterte Muslime wurden.

Da der Koran gewisse Haltungen der reichen Händler verurteilte, machte sich bei diesen bald schon Widerstand gegen die neue Religion bemerkbar. Einer ihrer Anführer war Abu Dschahl aus der Sippe der Machzum, ein Altersgenosse Muhammads. Die Gegnerschaft wurde unter anderem dadurch zum Ausdruck gebracht, daß die reichsten Männer den jüngeren Stammesangehörigen, die sich Muhammad angeschlossen hatten, das Leben schwer machten. Sippenzugehörigkeit schützte vor Angriffen seitens anderer Sippenangehöriger, innerhalb einer Sippe jedoch waren die führenden Männer immer noch sehr mächtig.

In diesem Zusammenhang ist es vielleicht angebracht, etwas über die Geschichte der sogenannten »Satanischen Verse« zu sagen, da diese Angelegenheit vor nicht allzu langer Zeit einige Bekanntheit erlangte. Die Geschichte stammt aus islamischen Quellen, und es gibt unterschiedliche Versionen, die in der Hauptsache jedoch folgendes enthalten: Muhammad saß mit einigen reichen Händlern zusammen in der Ka^{c}ba (dem heiligen Bezirk im Zentrum von Mekka) und hoffte auf eine Offenbarung, um die Händler zu überzeugen. In diesem Moment hatte er eine Offenbarung, die mit folgenden Worten anhob:

Was meint ihr denn mit al-Lat und al-^{c}Ussa
und mit Manat, der dritten, anderen?
Das sind die erhabenen Kraniche.
Auf ihre Fürbitte darf man hoffen.
Ihresgleichen wird nicht vergessen.

Von den drei genannten Gottheiten gab es in der Umgebung von Mekka Schreine. Die Händler deuteten die Verse dahingehend, daß es erlaubt wäre, an diesen Schreinen zu beten und vereinigten sich daraufhin mit Muhammad im Gottesdienst. Später (wieviel später ist nicht klar) merkte Muhammad, daß mit dieser Offenbarung etwas nicht stimmte und empfing schließlich eine andere, die sie ersetzte:

Was meint ihr denn mit al-Lat und al-^{c}Ussa
und mit Manat, der dritten, anderen?

Sollen euch die männlichen Wesen zukommen,
und Gott die weiblichen?
Das wäre eine ungerechte Verteilung.
Das sind bloße Namen, die ihr und eure Väter aufgebracht habt,
und wozu Gott keine Vollmacht herabgesandt hat.
Sie (die solche Wesen als göttliche verehren) gehen nur
Vermutungen nach und dem, wonach ihnen der Sinn steht,
wo doch die Rechtleitung von ihrem Herrn
zu ihnen gekommen ist. **(53.19-23)**

Es ist schwer verständlich, warum Muhammad dazu kam, die erste Version anzunehmen. Die naheliegendste Erklärung ist wohl, daß er die drei als Gott gänzlich unterworfene Engelwesen betrachtete und nicht als Götter. Das mit »Kraniche« übersetzte Wort bleibt dunkel und konnte auch so gedeutet worden sein. Die zweite Version, die zum Koran gehört, ist eine deutliche Zurückweisung der Vielgötterei und damit integraler Bestandteil der islamischen Lehre, obwohl das Problem in den ersten Offenbarungen nicht auftaucht.

Wegen der Unterstellung, daß Muhammad vom Teufel getäuscht wurde, betrachten viele heutige Muslime die Geschichte mit den satanischen Versen als eine Erfindung der Feinde des Islam, doch diese Behauptung kann sich nicht auf die Quellen stützen. Es gibt tatsächlich einen Vers im Koran, der bestätigt, daß Propheten manchmal vom Satan getäuscht wurden: »Und wir haben vor dir [Muhammad] keinen Gesandten oder Propheten geschickt, ohne daß ihm, wenn er es wünschte, der Satan [etwas] in seinen Wunsch unterschoben hätte. Aber Gott tilgt dann, was der Satan unterschiebt. Hierauf legt Gott seine Verse fest. Er weiß Bescheid und ist weise« (22.52). In den Kommentaren zu diesem Vers wird die Geschichte von einigen der zuverlässigsten Kommentatoren des Korans wie al-Baidawi erzählt. Nach dem Koranvers und den Kommentaren zu schließen, scheint an der Geschichte etwas Wahres zu sein.

Ein anderes, durch den Widerstand gegen Muhammad hervorgerufenes Ereignis, war die Auswanderung einer beträchtlichen Anzahl Muslime nach Abessinien, wo sie vom Kaiser, dem Negus, gut aufgenommen wurden. Auch hier gibt es in den Berichten über die Auswanderung Abweichungen, aber die wichtigsten Fakten sind klar. Im ganzen sollen siebzig Muslime in zwei Gruppen nach Abessinien gezogen sein, zuerst zehn Personen, danach eine größere Gruppe. Wahrscheinlicher ist jedoch, daß es mehrere kleine Gruppen waren und sich die Auswanderung von 615 an über mehrere Jahre hinzog. Einige der Auswanderer kehrten nach kurzer Zeit nach Mekka zurück und schlossen sich später der Auswanderung nach Medina an. Andere wiederum blieben bis 628 in Abessinien, als Muhammad sie aufforderte, zu ihm nach Medina zu kommen. Offensichtlich bestand einer der Gründe für die Auswanderung darin, der Verfolgung zu entgehen, da die meisten Emigranten aus Sippen stammten, in denen reiche Händler ihren Sippengenossen das Leben schwer machten. Die Muslime, die in Mekka blieben, gehörten zu Sippen, in denen dies nicht der Fall war.

Allerdings scheint es auch noch andere Gründe für die Auswanderung gegeben zu haben. Einer davon mag der Handel gewesen sein, und die Mekkaner waren in erster Linie Händler. Diejenigen, die bis 628 in Abessinien blieben, müssen vom Handel gelebt haben. Möglicherweise unterstützte Muhammad die Auswanderung auch noch aus anderen Gründen, über die man nichts Genaues weiß.

Offenbar hat Abu Dschahl von 615 an den Widerstand gegen Muhammad angeführt. Er überredete das Oberhaupt der Haschim, Abu Talib, den Sippenschutz für Muhammad aufzuheben. Obwohl kein Anhänger der Religion Muhammads, weigerte sich Abu Talib. Etwa um 616 gelang es Abu Dschahl, die meisten Sippen der Quraisch zu einem Boykott der Haschim zusammenzubringen. Der Boykott diente freilich mehr den Interessen der reichen Händler, als daß er den Haschim schadete, so daß er nach ein oder zwei Jahren wieder zusammenbrach. Um 619 starb Abu Talib, und um die gleiche Zeit verlor Muhammad seine Frau Chadidscha, die seine wichtigste Stütze war. Zu ihren Lebzeiten hatte er keine andere Frau genommen.

Auch Abu Talib hatte Muhammad geholfen, indem er den Sippenschutz für ihn aufrechterhielt. Sein Bruder und Nachfolger Abu Lahab indes war ein erfolgreicher Händler und unterhielt mit einigen der reichsten Männer, die Muhammad feindlich gesinnt waren, Geschäftsverbindungen. Auf deren Druck hin beschloß er, den Schutz von Muhammad zurückzuziehen, sollte dieser nicht aufhören zu predigen und zu lehren. Zweifelsohne ist dies der Grund für die schweren Angriffe auf Abu Lahab in der elften Sure des Korans. Abu Lahab soll seine Entscheidung mit der Behauptung gerechtfertigt haben, Muhammad habe seinen Großvater ᶜAbd al-Muttalib, einen ehemaligen Sippenchef, mit der Aussage entehrt, daß dieser in der Hölle sitze.

Einer der Versuche Muhammads, der von Abu Lahab geschaffenen Situation zu begegnen, bestand darin, daß er eine Reise nach Ta'if unternahm. Ta'if war eine kleine Stadt ungefähr 65 Kilometer östlich von Mekka, mit einem besserem Klima, da sie höher lag. Eine Zeitlang stand sie in Handelskonkurrenz zu Mekka, doch dann hatten einige reiche Mekkaner dort Häuser und Landsitze gekauft und die Stadt geriet weitgehend unter ihre Kontrolle. Muhammad hatte gehofft, von den Ortsansässigen, denen die Anwesenheit der Mekkaner mißfiel, unterstützt zu werden, wurde darin jedoch enttäuscht. Anstatt ihm zu helfen, forderten die Leute, die er um Hilfe bat, den Mob auf, Steine auf ihn zu werfen. Entmutigt machte sich Muhammad wieder auf den Heimweg, doch bevor er Mekka betreten konnte, mußte er sich des Schutzes einer Sippe versichern. Erst das dritte Sippenoberhaupt, das er darum anging, war bereit, ihm diesen zu gewähren, sicher nicht ohne die Bedingung, daß er in Zukunft weitgehend auf seine religiösen Aktivitäten verzichten sollte.

Muhammad soll sich auch vier Nomadenstämmen, die sich anläßlich der Messen in der Nachbarschaft aufhielten, angenähert haben, doch scheint nicht viel dabei herausgekommen zu sein. Zu einem richtigen Durchbruch kam es allerdings während der jährlichen Pilgerreise nach Mekka im Juni 620. Sechs Pilger aus Medina trafen mit Muhammad zusammen und waren von seiner Persönlichkeit und Botschaft dermaßen beeindruckt, daß zwei von ihnen bei der Pilgerreise im Jahr 621 wieder zu ihm kamen und sieben andere Männer mitbrachten. Das Ergebnis dieser Zusammenkunft war, daß die zwölf Muhammad als Propheten anerkennen, ihm gehorchen und sich der Sünden enthalten wollten; dies wurde als das erste Abkommen von al-ᶜAqaba bekannt. Es bedeutete auch, daß Muhammad in Medina willkommen war, da die zwölf das mehrheitliche Meinungsbild dort repräsentierten.

Um den Grund zu bereiten, und vielleicht auch, um herauszufinden, ob die Bedingungen dort überhaupt günstig waren, sandte Muhammad einen seiner nächsten Vertrauten mit den zwölf nach Medina. Dieser Mann verkündete den Menschen von Medina den Islam, und zwar so erfolgreich, daß im Juni 622 nicht weniger als 75 Personen, inklusive zweier Frauen, die Pilgerreise nach Mekka unternahmen. Sie trafen nachts heimlich mit Muhammad zusammen und gelobten nicht nur, Muhammad als Propheten anzuerkennen und nicht zu sündigen, sondern auch, für Gott und seinen Gesandten zu kämpfen. Dies war das zweite Abkommen von al-ᶜAqaba oder das Kriegsabkommen.

Die meisten Muslime von Mekka wanderten nun in kleinen Gruppen nach Medina aus. Im September 622 waren alle, die Mekka verlassen wollten, weggezogen, bis auf Muhammad, Abu Bakr, ᶜAli und einige aus deren Familien. Die feindselig gesinnten Mekkaner waren da bereits mißtrauisch geworden und sollen die Ermordung Muhammads geplant haben. Er und Abu Bakr mußten deshalb nachts heimlich die Flucht ergreifen, wobei sie eine List anwandten und ᶜAli in Muhammads Bett schlafend zurückließen. Sie gelangten wohlbehalten nach Medina, wo sie wärmstens empfangen wurden. Dieser Wechsel Muhammads und anderer Muslime nach Medina ist als *hidschra* oder Auswanderung bekannt (früher gelegentlich mit »Flucht« übersetzt). Die islamische Zeitrechnung beginnt mit dem ersten Tag des arabischen Jahres, in dem die Hidschra stattgefunden hatte, dem 16. Juni 622, doch hat das islamische Jahr nur zwölf Mondmonate und kann folglich zu jeder Jahreszeit unseres Sonnenjahres beginnen. Islamische Jahre werden mit »h« (*hidschra*) bezeichnet. Die mekkanischen Muslime werden in Medina die Auswanderer genannt, während die ursprünglichen Einwohner, die Muslime wurden, die Helfer (*ansar*) sind.

Die Annahme des Islam durch die meisten Einwohner Medinas ist eine Folge der dortigen Situation zu jener Zeit. Medina war eine gut 400 Kilometer nördlich von Mekka gelegene Oase, die sich über gut 50 Quadratkilometer ausbreitete und in der Datteln und Getreide angepflanzt wurden. Im Jahr 622 beherrschten dort acht starke arabische Sippen die Oase, daneben gab es aber auch drei jüdische Stämme, die ursprünglich stärker waren als die arabischen und immer noch mit das beste Land besaßen. Es ist nicht ganz erwiesen, ob diese Stämme hebräischer Herkunft waren oder ob es sich um Araber handelte, die zum Judentum konvertiert waren. Kulturell war der Unterschied zwischen ihnen und den Arabern gering. Es existierten auch noch kleinere arabische Gruppen, die den Juden untertan waren, und vielleicht einige kleinere jüdische Gruppen.

Unglücklicherweise gab es zwischen den arabischen Sippen viele Auseinandersetzungen, die 618 in der Schlacht von Bucath gipfelten. In diese Auseinandersetzungen waren beinahe alle arabischen Sippen auf der einen oder anderen Seite verwickelt, wahrscheinlich auch die meisten jüdischen Sippen, da jede von ihnen mit einem arabischen Stamm verbündet war. Nach der Schlacht konnte kein umfassender Friede hergestellt werden. Mit einiger Sicherheit wurden manche Araber in Medina deshalb Muslime, weil sie hofften, daß Muhammad in der Lage wäre, zwischen den Kriegsparteien zu vermitteln und den Frieden wiederherzustellen. Muhammad war darauf bedacht, keine Frau aus Medina zu heiraten und sich mit keiner der Parteien zu verbinden. Die Araber von Medina mochten auch deshalb bereit gewesen sein, Muhammad als Propheten anzuerkennen, weil sie die Juden vom Kommen des Messias reden hörten, der alles für sie zum Rechten bringen würde. In einem gewissen Sinn rührten die Probleme Medinas vom Zusammenbruch der nomadischen Moral nach der Seßhaftwerdung; dennoch befand sich Medina als Oase, die vorwiegend Landwirtschaft und nur wenig Handel betrieb, in einer anderen Situation als das Handelszentrum Mekka.

Muhammads Jahre in Medina

Es ist ein Dokument erhalten, das die »Gemeindeordnung von Medina« genannt wird (der Text findet sich in meinem Buch *Muhammad at Medina*, S. 221-225). In der uns bekannten Form umfaßt es ungefähr fünfzig Artikel, von denen sich einige allerdings wiederholen. In der Regel bestätigen die Gelehrten seine Echtheit, sind aber uneins über die Datierung und über die Art der Zusammenstellung. Mit einiger Wahrscheinlichkeit stellen die Hauptartikel die Vereinbarung dar, die zwischen Muhammad und den Muslimen von Medina geschlossen wurde, bevor jener nach Medina ausgewandert war; andere Artikel wurden wohl später angefügt. Das Dokument legt den Grundstein zu einer Föderation zwischen dem Stamm oder der Sippe der Ausgewanderten aus Mekka und acht arabischen Stämmen von Medina. Diese Form der Föderation blieb bis zum Sturz der Umaiyadendynastie im Jahr 750 nominell die Form des islamischen Staates, obwohl viele andere arabische Sippen und Stämme zu Muhammads Lebzeiten und danach dazukamen. Nichtarabische Muslime mußten Klienten eines arabischen Stammes der Föderation werden. Auch den Juden von Medina war nur eine untergeordnete Stellung vorbehalten. Die drei wichtigsten jüdischen Stämme sind nicht namentlich erwähnt, doch gibt es Artikel über in einer Art Klientelverhältnis mit den arabischen Stämmen assoziierte jüdische Gruppen. Muhammad wird als Prophet anerkannt, und es ist festgehalten, daß ihm wichtige Streitfälle der Gemeinde vorgelegt werden.

Wenige Tage nach seiner Ankunft in Medina fand Muhammad einen angemessenen Ort im Zentrum der Oase und begann dort sein Haus zu bauen. Dieses erhielt schließlich einen großen, zentralen Hof, in dem die öffentlichen Gebete stattfanden, während sich auf der Ostseite Wohnungen für die vielen Frauen befanden, die er sich nun zuzulegen begann. Die Namenslisten führen ein Dutzend Frauen, mit denen er verheiratet war oder die seine Konkubinen wurden, und es existieren noch weitere Listen von solchen, über deren Heirat mit Muhammad gesprochen wurde. In Wahrheit hatten alle diese Heiraten ein politisches Motiv. Bevor er Mekka verlassen hatte, heiratete er die Witwe eines frühen Muslim, zum Teil sicher deshalb, um zu verhindern, daß sie mit einem Heiden verheiratet wurde. Nach seiner Ankunft in Medina heiratete er ^{c}A'ischa und Hafsa, Töchter zweier seiner wichtigsten Helfer und späterer Chalifen, Abu Bakr und ^{c}Umar. ^{c}A'ischa war die einzige jungfräuliche Braut, die er je heiratete, Hafsa die Witwe eines Muslim, der in der Schlacht von Badr umgekommen war. Diese Heiraten stellten eine enge Verbindung zwischen Muhammad und den zwei Vätern dieser Frauen her. Ähnliche Motive standen auch hinter seinen anderen Heiraten, wie auch hinter den Heiraten seiner Töchter. Nach Muhammads Tod und dem seiner Frauen wurde sein Haus zur zentralen Moschee in Medina.

Die Biographen Muhammads berichten für die Zeit der Hidschra wenig über das, was in Medina vorging, viel jedoch über die *maghazi* oder Expeditionen, von denen etwa 80 erwähnt sind. Sie variierten zwischen kleinen Unternehmungen, mit denen manchmal weniger als ein halbes Dutzend Männer betraut waren, mitunter sogar nur ein einziger, bis zu der von 10.000 Mann, denen sich Mekka ergab oder gar von 30.000 bei Tabuk. In einem gewissen Sinn waren es ausgeweitete Razzien oder Beutezüge (Razzia, von dem arabischen Wort *ghazzu,* dessen Wurzel auch das Wort *maghazi* bildet), sie verfolgten jedoch ganz unterschiedliche Ziele, wie etwa, die Unterstützung der Muslime durch die Stämme zu gewinnen oder Stämme für Kamelraub bei den Muslimen zu bestrafen. Manche waren Angriffe auf mekkanische Handelskarawanen, so daß diese Periode im Zeichen der Geschichte bewaffneter Auseinandersetzungen zwischen Muslimen und mekkanischen Heiden stand. Nur wenige dieser Expeditionen wurden von Muhammad selbst angeführt.

Im Lauf des Jahres 623 kam es zu verschiedenen Versuchen von seiten der Ausgewanderten in Medina, mekkanische Karawanen aufzuhalten, doch war keiner erfolgreich, wahrscheinlich, weil Muhammad feindlich gesinnte Leute in Medina die Mekkaner warnten. Die erste erfolgreiche Expedition fand im Januar 624 statt. Eine kleine Gruppe wurde mit versiegelten Befehlen, die erst am Ende des zweiten Tages geöffnet werden sollten, Richtung Osten geschickt. Diese Befehle hießen die Gruppe, sich nach Süden, Richtung Nakhla, auf die Straße zwischen Ta'if und Mekka, zu begeben. Unter dem Vorwand, auf Pilgerreise zu sein, gesellten sie sich zu einer mekkanischen Karawane, die aus dem Jemen kam. Ungefähr nach einem Tag, als sie sich noch außerhalb des heiligen Bezirks von Mekka befanden, griffen sie die vier Bewacher der Karawane an, töteten einen und nahmen zwei gefangen. Es gelang ihnen, mit der Karawane und den Gefangenen sicher nach Medina zu kommen. Manche Leute waren beunruhigt, weil der Angriff in einem heiligen Monat stattgefunden hatte, aber ein Koranvers rechtfertigte die Aktion (2.217). Im Lauf der Zeit entstanden weitere Verse, welche die Muslime in der Teilnahme am Kampf gegen die Mekkaner bestärkten.

Im März 624 führte Muhammad selbst eine etwa 300 Mann starke Expedition zur Küstenstraße an, die von Karawanen von Mekka nach Syrien benutzt wurde. Er hoffte, eine reiche Karawane aus Gaza abzufangen. Mehr als 200 Männer von Muhammads Truppe waren sogenannte Helfer, und es war das erste Mal, daß diese in solcher Anzahl an einer Expedition teilnahmen. Der Karawane von 70 Mann unter Führung Abu Sufyans aus dem Stamm der Umaiya gelang es, in Gewaltmärschen und auf Umwegen den Muslimen zu entkommen. Mekka hingegen war vor Muhammads Plänen gewarnt worden, und Abu Dschahl sammelte eine Streitmacht von annähernd 1000 Mann zum Schutz der Karawane. Obwohl er erfuhr, daß die Karawane in Sicherheit war, kehrte nur ein Teil seiner Leute sofort nach Mekka zurück. Vielleicht wollte er Muhammad eine Lehre erteilen. Es kam zur Schlacht, in der die Mekkaner schwer geschlagen wurden, wobei zwischen 40 und 70 von ihnen getötet und 70 gefangengenommen wurden. Abu Dschahl selbst fand den Tod.

Die Niederlage war ein schwerer Rückschlag für die Mekkaner, da neben den Verlusten an Leben auch der Verlust an Prestige zählte, was sich bald nachteilig auf ihre Handelsunternehmungen auswirken sollte. Abu Sufyan übernahm sofort das Kommando in Mekka und machte Anstalten, den Muslimen eine Niederlage zu bereiten, um den Ruf Mekkas wiederherzustellen. Im Jahr 625 war es ihm gelungen, eine Streitmacht von 3000 Mann, unter ihnen 200 Reiter, zusammenzubringen. Mit diesen marschierte er auf Medina, brach von der Nordwesteck her in die Oase ein und lagerte dort in den Getreidefeldern. Im Zentrum der Oase gab es zahlreiche befestigte Plätze, wo die Menschen vor bewaffneten Angriffen geschützt waren. Dennoch entschied sich Muhammad, den Mekkanern zu trotzen und es gelang ihm, 700 Mann auf dem Berg Uhud, nördlich von den Mekkanern, zu positionieren. Als die Mekkaner angriffen, warfen die Muslime, die auf das Lager der Mekkaner vorrückten, sie zurück. Sie wurden jedoch ihrerseits von der mekkanischen Kavallerie im Rücken angegriffen. In der darauffolgenden Verwirrung eroberten Muhammad und die meisten seiner Männer den Berg Uhud zurück, wo sie vor der mekkanischen Kavallerie in Sicherheit waren. Andere Muslime verschanzten sich jedoch in ihren Festungen, und viele wurden niedergemacht. Die Muslime verloren im ganzen mehr als 70 Männer, die Mekkaner nur 27. Dennoch unternahmen die Mekkaner keine weiteren Angriffe auf die Muslime, sondern kehrten bald nach Mekka zurück. Obwohl die Mekkaner mit weniger Verlusten aus der Schlacht hervorgegangen waren, hatten sie ihr vorrangiges Ziel, die Bedrohung ihres Handels durch Muhammad und die Muslime in Medina loszuwerden, vollkommen verfehlt.

Die Mekkaner ließen die Sache nicht auf sich beruhen, und das nächste bedeutende Ereignis war die Belagerung von Medina im April 627. Dafür verfügten sie über eine Streitmacht von etwa 10.000 Männern, zu denen auch Nomadenstämme gehörten, die sie überreden konnten, an dem Unternehmen teilzunehmen. Diese Belagerung von Mekka ist in den Quellen als die Chandaq-Expedition oder »der Graben« bekannt. Um das Zentrum der Oase zu schützen, wo sich die meisten Häuser befanden, ordnete Muhammad die Aushebung eines Grabens an. Dieser zentrale Bereich war durch Lavaströme im Osten, Süden und Westen geschützt und nur nach Norden hin offen. 14 Tage lang versuchten die Mekkaner vergeblich, den Graben zu überqueren. In Ermangelung eines Erfolgs hatten sie in dieser Zeit alle Mühe, ihre buntgemischte Streitmacht zusammenzuhalten und beschlossen schließlich, sich zurückzuziehen. Es war der letzte, fehlgeschlagene Versuch der Mekkaner, Muhammad aus dem Weg zu räumen. Nach diesem Fiasko war seine Stellung sowohl bei den Medinensern als auch in den Augen vieler Nomadenstämme erheblich gestärkt.

Von nun an bemühte sich Muhammad weniger, die Mekkaner zu besiegen als vielmehr, sie zu gewinnen. Bereits im Jahr 624 wurde die *qibla* (die Gebetsrichtung) von Jerusalem in Richtung Mekka verändert. Damit schien er anzeigen zu wollen, daß die Pilgerreise nach Mekka in seiner Religion nach wie vor ihren Platz hatte. Im März 628 rückte er mit fast 1500 Männern auf Mekka vor, mit der Absicht, die ^{c}*umra*, die »kleine Pilgerreise« zu unternehmen. Die Mekkaner versperrten ihm den Weg, doch im Vertrag von Hudaibiya erklärten sie sich einverstanden, ihm im folgenden Jahr die ^{c}*umra* zu erlauben. Es kam auch zu anderen Abkommen mit dem Zweck, die Beziehungen zwischen Mekkanern und Muslimen zu verbessern. Im März 629 unternahmen Muhammad und etwa 2000 Muslime schließlich die ^{c}*umra*.

Gegen Ende kam es zu einem Zwischenfall, in den je ein mit Muhammad und ein mit Mekka verbündeter Stamm verwickelt waren. Dies bedeutete einen Vertragsbruch, und Muhammad beschloß, der Sache ein Ende zu machen. Mehrere führende Mekkaner waren bereits Muslime geworden, und Muhammad wußte, daß Abu Sufyan zu einem Kompromiß bereit war; 628 hatte Muhammad dessen verwitwete Tochter Umm Habiba geheiratet. Muhammad rückte also mit 10.000 Mann gegen Mekka vor. Abu Sufyan und andere führende Männer gingen Muhammad entgegen und übergaben die Stadt gegen die Versicherung einer Generalamnestie. Muhammads Truppen besetzten daraufhin Mekka, wobei sie kaum auf Widerstand stießen. Muhammad selbst blieb zwei oder drei Wochen in Mekka, säuberte die Ka^{c}ba von Götzenbildern und traf Vorkehrungen für die künftige Verwaltung der Stadt. Die Schreine von Manat und al-^{c}Uzza in der Umgebung wurden zerstört. Allerdings sah sich Muhammad unvermutet einer ernsten militärischen Bedrohung gegenüber. Eine Gruppe von Stämmen, die Mekka feindlich gesinnt waren, sammelte Truppen und rückte gegen Mekka vor. Muhammad ging ihnen mit 2000 Mekkanern sowie seinen eigenen Truppen entgegen und schlug sie nach hartem Kampf. Es war die Schlacht von Hunain, die ihn zum mächtigsten Mann in Arabien machte. Die meisten Mekkaner wurden nun nach und nach Muslime.

Um diese Zeit wurde Muhammads Position auch in Medina durch die Ausschaltung der drei wichtigsten jüdischen Sippen gestärkt. Als Muhammad zum ersten Mal nach Medina kam, glaubte er, daß ihn die Juden dort als Propheten anerkennen würden. Als sie dies nicht taten und ihm im Gegenteil feindlich gegenübertraten, änderte er seine Haltung. Dies war der eigentliche Grund für die Änderung der *qibla* von 624. Bis dahin wandten sich die Muslime wie die Juden beim Gebet in die Richtung von Jerusalem, nun jedoch wendeten sie sich statt dessen nach Mekka um. Irgendwann im April 624 war ein geringfügiger Streit zwischen einer Gruppe Muslime und Juden aus der Sippe der Qainuqa^{c} der Anlaß für deren Vertreibung aus Medina. Die Qainuqa^{c} betrieben hauptsächlich Handel und waren auch Schmiede. Im August 625 führte ein Streit über Blutgeld zur Vertreibung der Sippe der an-Nadir. Die dritte Sippe der Quraiza war in Machenschaften mit den Mekkanern während der Belagerung von Medina verwickelt. Nach der erfolglosen Belagerung wurden sie angegriffen und zur Aufgabe gezwungen. Einer ihrer Verbündeten entschied über ihren Fall und bestimmte, daß die Männer hingerichtet und die Frauen und Kinder als Sklaven verkauft werden sollten. Danach gab es keine bedeutende jüdische Gemeinde mehr in Medina, offenbar aber noch kleine, mit arabischen Sippen verbundene und diesen gänzlich unterworfene Gruppen. Später wurden einige größere, Landwirtschaft betreibende Siedlungen außerhalb von Medina unter muslimische Herrschaft gebracht und dazu gezwungen, eine Art Tribut zu bezahlen. Nach der Eroberung von Mekka und dem Sieg von Hunain war Muhammads Autorität in der Tat erheblich gestärkt, obwohl die Gemeindeordnung von Medina nicht geändert wurde. In den Augen der Araber war er der Chef der Sippe der Ausgewanderten und insofern nur einer unter vielen Häuptlingen, obgleich er als Gesandter Gottes gewisse Privilegien genoß. Die Sippe der Ausgewanderten war jedoch infolge vermehrten Zuzugs aus Mekka bedeutend größer geworden, und Nomaden, die sich als Bundesgenossen Muhammads in Medina niedergelassen hatten, wurden offenbar ebenfalls als Ausgewanderte betrachtet. Einige Nomadenstämme waren bereits mit Muhammad verbündet und wurden vermutlich als Föderierte angesehen; nach Hunain kamen noch andere dazu. Aus diesem Grund war wahrscheinlich keiner der Sippenchefs von Medina in der Lage, ihm ernsthaft die Stirn zu bieten, so daß seine Machtausübung autokratische Züge annahm.

Als immer mehr Stämme und Stammessektionen zur Föderation stießen und nur noch wenige sich abseits hielten, wurde Muhammad und seinen Statthaltern allmählich klar, welche Probleme dies mit sich brachte, besonders, weil diejenigen, welche der Föderation beitraten, Muslime werden mußten. Ein verbreiteter Brauch der Nomaden war die Razzia, der Raubzug, mit dem Ziel, bei einem feindlichen Stamm Kamele zu stehlen; muslimischen Stämmen durfte jedoch nicht erlaubt werden, Raubzüge untereinander zu führen. Die muslimischen Führer scheinen erkannt zu haben, daß der beste Weg, gegenseitige Raubzüge zu unterbinden, darin bestand, die Energien der Stammesangehörigen auf Ziele außerhalb, in Syrien und Irak, zu richten. Eine der umfangreichsten Expeditionen gegen Tabuk, knapp 200 Kilometer östlich vom Golf von Aqaba gelegen, wurde von Muhammad selbst angeführt. Sie dauerte vom Oktober bis Dezember 630, und er soll 30.000 Mann mit sich geführt haben. Zum Zeitpunkt seines Todes war eine weitere Expedition nach Syrien geplant, die ungeachtet der durch seinen Tod veränderten Lage durchgeführt wurde. Von den frühen Kalifen wurde die Expansionspolitik energisch weiterbetrieben.

Muhammad selbst unternahm den *haddsch*, die große Pilgerreise, im März 632; danach verschlechterte sich sein Gesundheitszustand, und er starb am 8. Juni 632.

2. Die politische Geschichte des Islam

Die Entstehung des Kalifats

Die große politische Macht, die Muhammad am Ende seines Lebens innehatte, verdankte er zum Teil seinem Prophetentum und seiner starken Persönlichkeit, doch wurde er auch als Chef der Sippe der mekkanischen Auswanderer innerhalb der Stammesföderation, die das islamische Gemeinwesen und seine Verfassung begründete, anerkannt. Das Äußerste, was Muhammad unternahm, um seine Nachfolge zu regeln, bestand darin, Abu Bakr zum Leiter der vorgeschriebenen Kulthandlungen zu bestimmen, als er aus Krankheitsgründen selbst nicht mehr dazu in der Lage war. Nach Muhammads Tod wurde in Medina eine Versammlung abgehalten. Die Helfer von Medina wollten ihren Anführer Sa^{c}d ibn ^{c}Ubada zum Nachfolger Muhammads bestimmen, was auf starken Widerstand bei den Auswanderern stieß, die darauf verwiesen, daß die Nomadenstämme niemanden aus Medina anerkennen würden. Schließlich kam man überein, daß Abu Bakr Muhammads politische Führerstellung mit dem Titel Kalif (*chalifa*, das heißt Nachfolger oder Stellvertreter) einnehmen solle. Selbstverständlich konnte er nicht Muhammads Nachfolger als Prophet werden.

Abu Bakrs Herrschaft dauerte nur knapp zwei Jahre, und während dieser Zeit war er hauptsächlich mit der Unterdrückung von Revolten gegen den islamischen Bund beschäftigt, die zum Teil schon vor Muhammads Tod begonnen hatten. Diese Revolten sind unter der Sammelbezeichnung der *ridda* oder Apostasie bekannt, weil ihnen eine religiöse Färbung zugesprochen wurde, obwohl sie im Grunde wohl eher ein Protest nomadischer Stämme gegen die Tributleistungen für Medina waren. Der schwerste Aufstand fand in Yamama statt, einem Bezirk Zentralarabiens östlich von Mekka und Medina. Er wurde von einem Mann namens Musailima angeführt, der behauptete, ein

Prophet vom Rang Muhammads zu sein. Er verkündete tatsächlich Offenbarungen mit religiösem Inhalt, die er von Gott empfangen haben wollte, dennoch schien der religiöse Aspekt des Aufstands dem politischen untergeordnet gewesen zu sein. Die Erhebung wurde schließlich von einem muslimischen Heer unter Führung von Chalid ibn al-Walid niedergeschlagen, einem der Spätkonvertiten aus Mekka, bekannt auch unter dem Namen »das Schwert Gottes«. In der letzten, ausschlaggebenden Schlacht gab es allerdings bedeutende Verluste auf beiden Seiten. Eine weitere Revolte in Nordarabien wurde von einer Frau, Sadschda, angeführt, die sich als Prophetin ausgab. Zu einem bestimmten Zeitpunkt soll sie versucht haben, sich mit Musailima zusammenzutun, doch es kam nichts dabei heraus und sie wurde schließlich geschlagen. In Jemen und Ostarabien gab es ähnliche Bewegungen, sie wurden jedoch alle von Abu Bakrs Heerführern niedergeschlagen.

Der Zeitraum von Muhammads Tod bis 661 ist als die Zeit der »vier rechtgeleiteten Kalifen«, der *raschidun*, bekannt. Nach Abu Bakr kamen ^{c}Umar (634-644), ^{c}Uthman (644-56) und ^{c}Ali (656-661). Danach ging das Kalifat auf Mu^{c}awiya, einen Sohn von Abu Sufyan über, dessen Sippe der Umaiya es bis 750 zu halten vermochte. Sie machten Damaskus zu ihrer Hauptstadt und sind als Umaiyadendynastie bekannt. Abgelöst wurden sie von einer anderen mekkanischen Familie, den Abbasiden, Nachkömmlinge von Muhammads Onkel al-^{c}Abbas. Sie verlegten ihre Hauptstadt nach Bagdad, verloren ab dem frühen 10. Jahrhundert jedoch alle politische Macht, obwohl sie bis zur Eroberung von Bagdad durch die Mongolen 1258 den Kalifentitel behielten. Diese politische Entwicklung wird im dritten Teil dieses Kapitels noch eingehender behandelt werden.

Die Expansion des islamischen Staats

Länger als ein Jahrhundert nach Muhammads Tod blieb der islamische Staat zumindest theoretisch eine Föderation arabischer Stämme. Ein Nichtaraber, der Muslim wurde, fand als Klient (*mawla*) Aufnahme bei einem arabischen Stamm. Innerhalb der Föderation verfügte der Kalif über besondere Macht, die im Laufe der Zeit zunahm.

Abu Bakr und seinen Nachfolgern war die Notwendigkeit, die Energien der Nomaden nach außen abzulenken, durchaus bewußt. Nachdem die Revolten der Ridda überwunden waren, wurden diese Feldzüge zu regelmäßigen Unternehmen und erhielten zusehends militärischen Charakter, wenn es um Begegnungen mit den Heeren der zwei großen Reiche ging, dem byzantinischen, das Großsyrien und Ägypten beherrschte, und dem sasanidischen in Irak und Iran. Zwischen beiden gab es eine jahrhundertealte Rivalität. Ihre häufigen Kriege in der zweiten Hälfte des 6. Jahrhunderts ermöglichten es den Mekkanern, einen Großteil des Handels vom Indischen Ozean zum Mittelmeer an sich zu ziehen. Im frühen 7. Jahrhundert bekamen die Sasaniden die Oberhand und eroberten 614 Jerusalem, 619 besetzten sie Ägypten. Ab 622 wendete sich das Blatt jedoch wieder zugunsten der Byzantiner unter der Herrschaft von Kaiser Heraklius. Nach 627 hatte Heraklius eindeutig die Übermacht und rückte nach der Wiedereroberung von Ägypten und Syrien in den Irak vor. Auf die Ermordung des Sasanidenkaisers Chosrau II. folgten dynastische Auseinandersetzungen, was zum Zerfall des Sasanidenreichs führte.

Um diese Zeit wurden die beiden Reiche auch von den Muslimen herausgefordert. Bei ihren Eroberungszügen stießen die Muslime auf byzantinische und sasanidische Heere, und es kam zu einer Reihe von Schlachten. Die entscheidende Schlacht gegen die Byzantiner fand am Yarmuk, einem Zufluß des Jordan, südlich vom Galiläischen Meer (See Genezareth), statt. In den darauffolgenden Jahren konnten die Muslime Syrien bis zum Taurusgebirge erobern. Trotz mehrerer Vorstöße und Raubzüge nach Anatolien blieb dies jedoch für längere Zeit die äußerste Grenze ihres Territoriums. Um 642 vertrieben sie die Byzantiner aus Ägypten. Im Jahr 645 kam es zu einer nur kurzzeitigen Wiederbesetzung von Alexandria durch die Byzantiner, während die Muslime immer weiter westwärts durch Nordafrika vorstießen. Bereits 649 verfügten sie über eine starke Flotte, die in der Lage war, die byzantinische Seemacht zu schlagen.

Möglicherweise im Jahr 636 erfochten die Muslime bei Qadisiya einen größeren Sieg gegen die Sasaniden, wonach sie allmählich nach Osten vorrückten. Eine weitere bedeutende Schlacht wurde 642 bei Nihawand geschlagen, woraufhin der sasanidische Widerstand zusammenbrach, nicht zuletzt, weil es infolge der dynastischen Auseinandersetzungen keine wirksame Zentralverwaltung mehr gab. Etwa um 652 hatten die Muslime ihre Herrschaft über ganz Iran gefestigt und begannen, nach Zentralasien und Nordwestindien vorzustoßen.

Nach den ersten Raub- und Kriegszügen waren die daran beteiligten Männer stets nach Medina zurückgekehrt. Als die Züge jedoch immer weiter führten, empfand man dies als Zeitverlust, so daß vorgerückte Stützpunkte und Städte als Militärlager errichtet wurden, wie Basra und Kufa in Irak sowie Kairuan in Tunesien. In diesen Städten überwinterten die Truppen zwischen den Feldzügen. Auch bestehende Städte wie Damaskus dienten ähnlichen Zwecken. Nach dem Rückzug der Byzantiner aus Ägypten und dem Zusammenbruch des sasanidischen Reichs wurden diese Stützpunkte Zentren der Provinzverwaltung.

Es muß betont werden, daß der Hauptzweck der frühen Feldzüge darin bestand, Beute zu machen, und nicht der Verbreitung des Islam durch Bekehrung oder der Vergrößerung des islamischen Staates diente. In Arabien wurden einige polytheistische Stämme vor die Wahl Islam oder Schwert gestellt, anderswo jedoch waren die meisten Einwohner Christen, Juden oder andere Angehörige vom »Volk des Buches«, die den Status von »geschützten Minderheiten« (*ahl adh-dimma*) erhielten. Dies bedeutete nach arabischer Tradition, daß sie als schwache Stämme unter dem Schutz des starken Stammes der Muslime standen, und die meisten Gouverneure betrachteten diesen Schutz als eine Pflicht. In den neuen islamischen Provinzen zahlten die Minderheiten Steuern, doch war diese Steuerlast nicht bedrückender als zuvor unter den Byzantinern oder Sasaniden. Diese Menschen waren allerdings eine Art Bürger zweiter Klasse, was manche bewog, zu konvertieren. Dennoch gab es relativ wenig Konvertierte, außer in Iran, wo die überlieferte zorastrische Religion weitgehend verschwunden war und fast nur noch Verwaltungsfunktionen ausübte.

Zur Zeit von ᶜAlis Kalifat kam die Expansion des islamischen Staates infolge innerer Wirren zum Stillstand, setzte unter den Umaiyaden wieder ein und ging bis zum Ende ihres Kalifats in gleichmäßigem Tempo ungebrochen weiter. Auf dem Vorstoß nach Westen durch Nordafrika wurde schließlich in Marokko der Atlantik erreicht. 711 fiel eine Streitmacht aus Arabern und Berbern in Spanien ein, besiegte den Visigotenkönig Roderick und konnte alle wichtigen Städte der iberischen Halbinsel besetzen, so wie auch Narbonne in Südfrankreich, das zum Visigotenreich gehörte. Es kam zu weiteren Vorstößen nach Norden; ein Kriegszug nach Zentralfrankreich endete 732 jedoch zwischen Tours und Poitiers mit einer Niederlage durch Karl Martell, was der Expansion in dieser Richtung ein Ende setzte, während Narbonne noch bis 759 gehalten wurde.

Nach dem Sturz der Umaiyadendynastie im Jahr 750 gelang es einem Umaiyadenprinz, nach Spanien zu entkommen. Unter seiner Herrschaft wurde das islamische Spanien ein eigener Staat, der nicht den Abbasiden in Bagdad unterstand. Infolge des Zusammenbruchs dieser umaiyadischen Verwaltung im Jahr 1031 konnten die halbautonomen christlichen Fürsten in Nordwestspanien die sogenannte Reconquista aufnehmen und 1085 Toledo zurückerobern. Von da an erhielten die spanischen Muslime Unterstützung von zwei mächtigen nordafrikanischen Dynastien, den Almoraviden und den Almohaden. Erst in der ersten Hälfte des 13. Jahrhunderts vermochten die Christen, Córdoba und Sevilla zu erobern. Danach gab es noch den kleinen islamischen Staat Granada, bis dieser 1492 ebenfalls vom Vereinigten Königreich Aragon-Kastilien überwältigt wurde, womit die muslimische Präsenz in Westeuropa zu Ende war. Eine Zeitlang gab es auch einen kleinen islamischen Staat in Sizilien.

Es liegt nahe, an dieser Stelle einige Worte über die Kreuzzüge zu verlieren, da es zwischen diesen und der spanischen Reconquista einen gewissen Zusammenhang gibt. Der ursprüngliche Kreuzzugsgedanke bestand darin, das byzantinische Reich gegen die Muslime zu unterstützen, hatte aber auch die Wiedereroberung der heiligen Stätten in Palästina im Sinn, damit die Christen dort wieder freien Zugang hätten. Es ging also weniger um Bekehrung. Der erste Kreuzzug wurde vom Papst ausgerufen und führte zur Errichtung einer Reihe kleiner christlicher Staaten in Syrien, so das Königreich Jerusalem, das bis 1187 währte, und Acre an der Küste, das sich bis 1291 hielt.

Während die Kreuzzüge für das christliche Denken wichtige Ereignisse waren, nehmen sie für die Muslime nicht mehr als den Rang unbedeutender Grenzzwischenfälle ein. Zur Zeit des Christeneinfalls war die gesamte Region in viele kleine muslimische Herrschaftsgebiete zerfallen, die untereinander zerstritten waren. In ein, zwei Fällen taten sie sich mit christlichen Gruppen gegen ihre muslimischen Rivalen zusammen. Zu dieser Zeit befand sich das muslimische Machtzentrum hunderte Kilometer östlich von Irak, und es war dort vermutlich wenig bekannt, was in Syrien und Palästina geschah.

Als die Abbasiden an die Macht kamen, ließ der Expansionsdruck nach. Gelegentlich kam es sogar zu Rückzügen. Weitere Expansionen waren auch nicht immer das Ergebnis von Eroberungszügen. So heirateten zum Beispiel muslimische Händler, die durch die Sahara Handel mit Westafrika trieben, einheimische Frauen und gründeten dort Familien, die muslimisch wurden. Einheimische Händler und sogar Herrscher fanden es bisweilen nützlich, Muslime zu werden. Auf diesem Weg verbreitete sich der Islam im nördlichen Westafrika, jedoch nicht in vergleichbarem Maße in den küstennahen Gebieten.

Dank verschiedener günstiger Umstände verstärkte sich im Osten die Präsenz des Islam in Zentralasien an Orten wie Buchara und Samarkand. Unter den Umaiyaden waren die Muslime nach Nordwestindien bis zum Indus vorgestoßen und unter den Abbasiden rückten sie weiter bis nach Bengalen vor. Die Hindus wurden als geschützte Minderheit behandelt, da die Bücher ihrer Philosophen als eine Form des Monotheismus ausgelegt werden konnten.

Die Herrschaft des islamischen Staats

Die Zeit der vier rechtgeleiteten Kalifen wird oft als Phase des wahren Islam angesehen, weil der Islam damals nahezu vollkommen gewesen sein soll, was jedoch bei genauem Studium zeitgenössischer Quellen alles andere als einleuchtend ist. So wurden zum Beispiel drei der vier rechtgeleiteten Kalifen ermordet.

Abu Bakrs Nachfolger war ^{c}Umar, unter dem die Expansion nach Syrien, Ägypten und Irak vorangetrieben wurde. Er richtete auch ein Verwaltungssystem für die neuen Provinzen ein und den Diwan, aus dem diejenigen, die in den Armeen dienten, stattliche Bezüge erhielten. Auf ^{c}Umar folgte ^{c}Uthman aus der Sippe der Umaiya, der die Expansion fortsetzte. Widerstand gegen manche Züge seiner Politik führte jedoch zu seiner Ermordung im Jahr 656. Als Nachfolger wurde ^{c}Ali, Muhammads Vetter und Schwiegersohn, bestimmt, seine Ernennung jedoch nicht uneingeschränkt angenommen. Muhammads Witwe ^{c}A'ischa führte zusammen mit zwei älteren mekkanischen Muslimen eine Revolte an, doch gelang es ^{c}Ali, deren Streitmacht zu besiegen. Auch mit anderen dissidenten Gruppen war er in Auseinandersetzungen verwickelt, vor allem mit den Anhängern des Gouverneurs von Syrien, Mu^{c}awiya, dem Sohn Abu Sufyans, der ^{c}Alis Ernennung ablehnte. Nach einer unentschiedenen Schlacht bei Siffin im Jahr 657 kam es zu einer teilweisen Waffenruhe und dem Versuch einer Vermittlung durch ein Schiedsgericht, das ohne Folgen blieb. ^{c}Ali hatte mittlerweile große Probleme in Irak und ließ Mu^{c}awiya schalten und walten, so daß dieser allgemein als Kalif anerkannt wurde, als ^{c}Ali 661 ermordet wurde. Unter Mu^{c}awiya wurde der islamische Staat gestärkt und erhielt eine endgültigere Form mit Damaskus als Hauptstadt.

Nach dem Tod von Mu^{c}awiya 680 gelang es der Sippe der Umaiyaden, das Kalifat bis 750 zu halten. Im Jahr 683 beanspruchte ^{c}Abd Allah ibn az-Zubair, der Sohn eines von ^{c}A'ischas Verbündeten, das Kalifat für sich und wurde dabei von vielen mekkanischen Muslimen unterstützt. Besonders in Arabien und in Irak hatte er einigen Erfolg, wurde aber 692 schließlich doch besiegt. Diese Episode ist als der Zweite Bürgerkrieg bekannt. Der Sieger, der Umaiyade ᶜAbd al-Malik, Kalif von 685 bis 705, baute das Kalifat weiter aus. Allerdings stellten sich zunehmend soziale Probleme ein, denen zu begegnen den Umaiyaden Schwierigkeiten bereitete. Das Hauptproblem betraf wahrscheinlich die »Klienten«, die nichtarabischen Muslime, die sich gegenüber den Arabern zurückgesetzt fühlten. Dies scheint ein wichtiger Faktor bei dem Sturz der Umaiyaden durch die Abbasiden im Jahr 750 gewesen zu sein. Als Abkömmlinge von Muhammads Onkel al-ᶜAbbas gehörten die Abbasiden zur Sippe des Propheten.

Die Machtbasis der Abbasiden lag mehr in den östlichen Provinzen, daher verlegten sie die Zentralverwaltung des Reichs in den Irak und bauten dort ihre neue Hauptstadt Bagdad. Die frühen abbasidischen Kalifen waren mächtige Herrscher, von denen Harun ar-Raschid (786-809) der bekannteste war. In der Ära seines Sohns al-Ma'mun (813-833) tauchten jedoch Schwierigkeiten auf. Um diesen zu begegnen, setzte al-Ma'mun die sogenannte Inquisition, die *mihna*, ein. Dies bedeutete, daß Richter und Personen in ähnlichen Positionen öffentlich verkünden mußten, an den geschaffenen Koran zu glauben und die Ansicht, es handle sich um das ungeschaffene Wort Gottes, abzulehnen. Es war dies keine theologische Haarspalterei, sondern eine wichtige sozio-politische Frage. Schon bald nach Muhammads Tod kamen verschwommene schiitische Überzeugungen unter Muslimen in Umlauf, deren Formen im Kapitel über Theologie noch genauer untersucht werden. Zu Ma'muns Zeit nahm die verbreitete schiitische Überzeugung die Form des Glaubens an, daß der Kalif eine von Gott inspirierte Person gewesen sei oder sein sollte, deren Entscheidungen, eben weil es sich um göttliche Eingebungen handle, für alle Muslime bindend sei. Mit anderen Worten, sie wollten eine Autokratie; und dies war auch der Standpunkt der Beamten des Kalifats. Wenn der Koran, obwohl Gottes Wort, geschaffen war, dann konnte er vermutlich auch von einem von Gott inspirierten Führer verändert werden.

Die entgegengesetzte Ansicht war diejenige der *ᶜulama'*, der Rechtsgelehrten, die im Islam zu einer besonders wichtigen Klasse wurden. Sie bestanden darauf, daß der Koran das ungeschaffene Wort Gottes und damit unveränderbar sei und daß es allein bei ihnen liege, wie es für die Gegenwart auszulegen sei. Dies bedeutete, daß sie und nicht der Kalif und seine Beamten das letzte Wort hatten. Der wichtigste Gegenspieler von al-Ma'muns Politik war Ahama ibn Hanbal, nach dem die hanbalitische Rechtsschule und Theologie benannt ist. Er weigerte sich zu verkünden, daß er an einen geschaffenen Koran glaube, und wurde deshalb seines Amts enthoben. Die Inquisition dauerte bis etwa 850 und wurde danach abgeschafft, vermutlich, weil die Versöhnung gegensätzlicher Interessen, auf die man gehofft hatte, damit nicht erreicht wurde. Dies bedeutete, daß die sunnitische Form des Islam die offizielle Religion des Kalifats wurde und die *ᶜulama'* ihren festen Platz darin hatten.

Im späteren 9. Jahrhundert verfiel die Macht der Abbasiden. Sie waren nie stark genug gewesen, um sich die Herrschaft über das islamische Spanien zu sichern. Außerdem besetzte eine schiitische Dynastie, die Fatimiden, die sich auf die Abkunft von Muhammads Tochter Fatima berief, Tunesien und eroberte 969 Ägypten. Diese Länder entglitten der nominellen Kontrolle der Abbasiden, weil die Fatimiden für sich in Anspruch nahmen, die rechtmäßigen Führer der muslimischen Gemeinde zu sein. Ebenso ernsthafte Probleme bereitete den Abbasiden die Unmöglichkeit, mit ihren Truppen die Provinzgouverneure im Zaum zu halten. Einige von ihnen begannen, ihre Söhne oder Verwandte als Nachfolger einzusetzen, und die Kalifen hatten sich damit abzufinden. Diese Tendenz zeigte sich zuerst in den weiter entfernten Provinzen, wo es für die Kalifen ohnehin immer schwierig war, ihre Autorität zu behaupten. Doch die Gefahr einer Machterosion näherte sich immer mehr dem Zentrum. 936 riß der Heerführer im Irak die Macht, die den Abbasiden noch geblieben war, an sich und wurde 945 seinerseits von der Dynastie der Buyiden oder Buwayhiden verdrängt.

Obwohl die Abbasiden somit keine politische Macht mehr innehatten, hielten es die neuen Gouverneursdynastien für angebracht, von den Kalifen offiziell bestätigt zu werden, selbst wenn sie die von ihnen regierten Gebiete nur mit aller Gewalt vor dem Zugriff ihrer Nachbarn sichern konnten. Insofern behielten die Kalifen auch ohne reale Machtbasis bis 1258, als Bagdad von einer muslimischen Mongolenarmee eingenommen wurde und die Abbasiden getötet oder verjagt wurden, immer noch die nominelle Führung der Gemeinde der Muslime.

Vom 9. Jahrhundert an wurde die islamische Geschichte immer mehr zu einer Geschichte der Dynastien. Es wäre ermüdend, sie hier alle aufzuzählen, so zahlreich wurden sie. Im Zentrum des Kalifats übten bis 1055 die Buyiden die Herrschaft aus, bis sie von einer mächtigen türkischen Dynastie, den Seldschuken, abgelöst wurden, die bis 1194 an der Macht blieben. Danach teilten sich verschiedene Dynastien die Macht; als die Mongolen in das Zentrum einfielen, war keine beherrschende Dynastie mehr vorhanden.

Die islamische Welt nach den Abbasiden

Nach dem Rückzug der Almohadendynastie aus Spanien ging die christliche Reconquista zügig voran, so daß nach dem Fall von Sevilla 1248 den Muslimen nur noch das kleine Königtum von Granada im Südosten blieb. Dieses war 1230 von den Nasriden begründet worden und behauptete zweieinhalb Jahrhunderte lang ein gewisses Maß an Unabhängigkeit, obwohl es Tribute an die Christen zahlte. 1492 wurde es vom Vereinigten Königreich von Aragon und Kastilien eingenommen, womit die islamische Präsenz in Spanien ein Ende fand.

Auch die Almohaden in Nordafrika wurden schwächer, verloren 1269 die Macht und mußten mehreren kleineren Dynastien Platz machen. Noch weniger Zentralmacht gab es bei den muslimischen Gruppen in Westafrika. Die Muslime drangen dort nicht bis in den breiten Gürtel des tropischen Regenwalds vor, der sich von der Küste aus 200 bis 300 Kilometer ins Landesinnere hineinzieht, wohl aber war das Gebiet zwischen dem Regenwald und der Sahara, von Nordnigeria bis in die heutige Republik Sudan, überwiegend muslimisch. Auch die ostafrikanische Küste bis nach Mozambique war geschlossen muslimisch.

In den islamischen Kerngebieten war das wichtigste Ereignis der Aufstieg und die Entfaltung der osmanischen Türken. In mehreren Wellen rückten sie nach Osten gegen die Byzantiner vor und errichteten in Anatolien kleinere Fürstentümer. Im frühen 14. Jahrhundert waren die Osmanen nach Nordwestanatolien vorgestoßen und übernahmen die Führung des Heiligen Kriegs gegen die Byzantiner. Hier schlossen sich ihnen zahlreiche andere Turkstämme an, die für ihren Glauben kämpfen wollten. So entstand eine gewaltige Militärmaschinerie, welche die politische Macht der osmanischen Herrscher entscheidend stärkte. 1357 gelang es ihnen, bei Gallipoli nach Europa überzusetzen und einen Großteil des Balkan zu unterwerfen. Die Eroberung von Konstantinopel war nicht der Beginn, sondern das Ende der ersten Phase ihrer europäischen Eroberungen. Konstantinopel wurde Istanbul und Sitz der Regierung des Osmanischen Reichs.

Im frühen 16. Jahrhundert waren die Osmanen auf dem Gipfel ihrer Macht. Sie eroberten Syrien und Ägypten und beherrschten teilweise Tunesien und Algerien. Auch Irak und Arabien gerieten unter ihre Herrschaft, und im Indischen Ozean unterhielten sie eine Flotte. In Europa besetzten sie Ungarn und hielten es ein Jahrhundert lang, während die Eroberung von Wien 1528 mißlang. Allmählich begann die Übermacht des Osmanischen Reichs nachzulassen, wogegen die europäischen Mächte stärker wurden. Auch die zweite Belagerung Wiens im Jahr 1683 scheiterte, und von diesem Zeitpunkt an sahen sich die Osmanen gezwungen, ihre europäischen Eroberungen nach und nach aufzugeben, bis nach dem Ersten Weltkrieg im Vertrag von 1919 nur noch die europäische Türkei übrigblieb. In diesem Vertrag verloren die Osmanen auch ihre asiatischen Provinzen und Ägypten. Die anderen nordafrikanischen Provinzen waren schon vorher verloren. Der starken Persönlichkeit Mustafa Kemals gelang es jedoch mit Hilfe nationalistischer Strömungen, aus den Ruinen des Reichs die türkische Republik als säkularen Staat in Anatolien zu gründen.

Nach der Einnahme Bagdads durch die Mongolen im Jahr 1258 fand das abbasidische Kalifat ein Ende, obwohl ein Mitglied der Abbasidenfamilie, das nach Ägypten entkommen war, den Kalifentitel für sich beanspruchte, was allerdings nur in Ägypten anerkannt wurde. Im 19. Jahrhundert behaupteten die osmanischen Sultane, daß ihnen das Kalifat vom letzten dieser ägyptischen Abbasiden übertragen worden sei, was teilweise anerkannt wurde. Das Kalifat wurde 1924 von der neuen türkischen Republik offiziell abgeschafft und nie mehr wiederhergestellt.

1798 unternahmen die Franzosen in Ägypten eine Invasion als Teil eines Feldzugs gegen die Engländer in Indien. Der zur Vertreibung der Franzosen nach Ägypten geschickte osmanische General Muhammad ^{c}Ali (1769-1849) wurde 1805 de facto unabhängiger Herrscher über Ägypten, obwohl nominell immer noch der Pforte in Istanbul unterstellt. Er baute eine starke, moderne Armee auf, und seine Nachfahren regierten in Ägypten bis 1953, wobei sie von 1867 an den Titel eines *khedive*, später den Königstitel, annahmen. Sie waren indes bei zahlreichen europäischen Mächten hochverschuldet, so daß ab 1882 britisches Militär und ein britischer »Resident«, ausgestattet mit politischer Verfügungsgewalt, in Ägypten stationiert wurde, um die Rückzahlungen zu sichern.

Die arabische Halbinsel hat eine komplizierte Geschichte, die hier im Detail auszubreiten den Rahmen dieses Buches sprengen würde. Schon früh wurde der Jemen, mit einer Unterbrechung vom 14. bis zum 16. Jahrhundert, von einem Imam der schiitischen Zaiditen regiert. Diese Herrschaft endete 1962 mit der Ausrufung der Volksrepublik Jemen. 1930 entstand in Zentralarabien das Königreich Saudiarabien, das der wahabitischen Glaubensrichtung folgt und danach trachtet, daß seine Bürger in Übereinstimmung mit den wahren Prinzipien des ursprünglichen Islam leben. Dieses Vorbild übte einen starken Einfluß auf andere zeitgenössische Bewegungen der islamischen Welt aus.

In Iran kam es zu Beginn des 16. Jahrhunderts zu einem tiefgreifenden Wandel. Schah Isma^{c}il, Anführer der Sufibruderschaft der Safawiya, die sich zu einer politischen Kraft entwickelt hatte, eroberte 1501 Azerbaidschan und konnte seine Herrschaft über ganz Iran erweitern. Gleichzeitig erklärte er das Imamat der Schi^{c}a zur offiziellen Religion seines Herrschaftsbereichs. Seit dieser Zeit war Iran fast ausschließlich imamitisch und Zentrum dieser Richtung des Islam. Die Dynastie der sogenannten Safawiden regierte Iran bis ins frühe 18. Jahrhundert. Gegen Ende desselben Jahrhunderts errangen Angehörige des türkischen Stammes der Qadscharen die Macht und herrschten in Iran bis 1924, als es dem Oberbefehlshaber der iranischen Armee gelang, sich selbst als Riza Schah Pahlavi zum Staatsoberhaupt zu erklären. Sein Sohn und Nachfolger wurde 1979 gestürzt, und Imam Chomeini rief die Islamische Republik Iran aus.

Auch in Afghanistan und Nordindien ist die Geschichte islamischer Herrschaft kompliziert. Es gab zahlreiche Staaten unterschiedlicher Größe, die von wechselnden Dynastien regiert wurden. Eine große Leistung war die Schaffung des Mogulreichs durch Akbar den Großen (gestorben 1605). 1556 besetzte er den Thron eines kleinen Staates, zu dem Delhi und Agra gehörten, der jedoch bald zu einem Reich expandierte, das den größten Teil Nord- und Zentralindiens umfaßte. Nach ihm kamen mehrere bedeutende Kaiser: Dschihangir, Schah Dschihan und Awrangzib, der, wie Akbar, vierzig Jahre lang herrschte. Nach dem Tod von Awrangzib, 1707, setzte jedoch der Niedergang ein, und spätere Kaiser vermochten der andrängenden englischen Kolonialmacht wenig entgegenzusetzen. 1858 setzten die Briten den letzten Kaiser wegen seiner Verwicklung in die große Meuterei der Sepoys in Indien ab, doch schon ein oder zwei Jahrzehnte davor verfügten die Moguln über keine wirkliche Macht mehr. In der Administration des Empires wurden zu einem Gutteil Hindus als Beamte eingesetzt, gleichzeitig versuchten Akbar und Awrangzib noch, seinen besonderen islamischen Charakter zu erhalten.

Muslime drangen auch auf den südlichen Teil der malaiischen Halbinsel vor, nach Indonesien und bis auf einige Inseln des westlichen Pazifik. Heute sind die meisten dieser Gebiete überwiegend muslimisch. Wie anderswo in der islamischen Welt ist auch hier die frühe Geschichte komplex. Malaysia und Indonesien wurden britische beziehungsweise holländische

Kolonien und gewannen ihre Unabhängigkeit um die Mitte des 20. Jahrhunderts. Indonesien ist der bevölkerungsreichste islamische Staat; auf der indonesischen Insel Java war die islamische Wissenschaft auf hohem Niveau, und die dortigen Schulen unterhielten enge Beziehungen mit dem ostafrikanischen Islam.

3. Die Lehre des Korans

Der Text des Korans

Der größte Teil des Korans wurde Muhammad in verhältnismäßig kurzen Passagen offenbart. Die längste zusammenhängende Offenbarung ist die Geschichte Josephs in der nach ihm benannten Sure, Surat Yusuf (12). Zuerst wurden die Offenbarungen von Muhammad und seinen Anhängern im Gedächtnis erinnert und Abschnitte daraus zumindest im Gottesdienst benutzt. Mit der Zeit konnten viele Muslime große Teile des Korans auswendig. Muhammad selbst schrieb nichts auf, wenn er sich auch in späterer Zeit der Schreiber bediente. Manche seiner Anhänger jedoch fingen an, Teile davon niederzuschreiben. Schließlich wurden kurze offenbarte Passagen in Suren oder Kapiteln zusammengefaßt. Damit hatte Muhammad bereits selbst begonnen, denn der Koran enthält Hinweise auf Suren; zu Ende geführt jedoch wurde dies alles wohl erst von späteren Gelehrten zur Zeit des Kalifen ᶜUthman.

Als die muslimischen Heere in die Nachbarländer einfielen, kam es zu Problemen mit der Wiederholung von Teilen des Korans während des Gottesdienstes, da leicht abweichende Varianten des Erinnerten existierten. Schließlich beauftragte der Kalif ᶜUthman um 653 eine Anzahl Gelehrter unter Leitung von Zaid ibn Thabit damit, einen endgültigen Text des Korans zu verfassen. Diese Version wurde niedergeschrieben und im ganzen Reich verteilt, während alle anderen zerstört werden sollten. Ein oder zwei Jahrhunderte später fanden Gelehrte einige vorᶜuthmanische Varianten und listeten sie auf. Im 10. Jahrhundert fand man jedoch heraus, daß es auch im ᶜuthmanischen Text geringe Abweichungen gibt. Auch diese wurden aufgeführt, doch hielt man sie alle für gleichermaßen gültig und man kam überein, daß der Koran in sieben »Lesungen« (*qira'at*) offenbart wurde. Was heute als die standardisierte Form des koranischen Texts angesehen wird, ist genau genommen unter dem Namen der »Lesung von Hafs«, wie sie von ᶜAsim überliefert wurde, bekannt.

Ungeachtet aller erwähnten Varianten sollte man sich vergegenwärtigen, daß der Koran, verglichen mit anderen Büchern aus jener Zeit, sehr gut erhalten ist. Bei den Varianten handelt es sich um Geringfügigkeiten, die keine Abweichung von der eigentlichen Lehre des Koran darstellen. Der gute Zustand des koranischen Textes ist vor allem der Tatsache zu verdanken, daß er in einem Zeitraum von nur 25 Jahren offenbart wurde, ganz anders als das Alte Testament, dessen Bücher über mehrere Jahrhunderte zustandekamen, oft bearbeitet und wieder überarbeitet wurden, um den sich verändernden Zeitläuften Rechnung zu tragen. Die Suren des Korans wurden bekanntlich in Mekka oder Medina offenbart, doch sind da und dort einige Verse aus früherer oder späterer Zeit eingefügt worden. Eine genaue Ordnung gibt die ägyptische Standardausgabe von 1924 vor, was jedoch von manchen westlichen Gelehrten, die sich mit Datierungsfragen beschäftigt haben, in Frage gestellt wird. Im 19. Jahrhundert gab Theodor Nöldeke für die mekkanischen Suren drei Perioden an, eine Einteilung, die für den Großteil der Suren mehr oder weniger korrekt sein dürfte. Weitere Studien zur Datierung findet man in Richard Bells englischer und Régis Blachères französischer Übersetzung.

Die Lehre Gottes

Der Glaube an Gott ist der Kern der Religion des Islam. In der ersten Hälfte des kurzen Glaubensbekenntnisses, der *schahada*, heißt es: »Es gibt keinen Gott außer Gott«, arabisch, *la ilaha illa Allah. Ilah* bedeutet irgendeinen Gott oder eine Gottheit, während *Allah* die Kontraktion von *al-ilah*, (»der Gott«) ist, mithin vergleichbar dem griechischen *ho theos*. Eine sorgfältige Lektüre des Korans zeigt, daß es in Mekka Leute gab, die bereits an Allah glaubten, jedoch nur als einen »Hochgott« oder eine »höhere Gottheit« unter anderen, dem jedoch wohl zumindest die Schöpfung zugeschrieben wurde. Dies geht deutlich aus einer Passage hervor:

Und wenn du sie fragst, wer Himmel und Erde geschaffen
und Sonne und Mond in den Dienst gestellt hat,
sagen sie: ›Allah‹...
Und wenn du sie fragst, wer vom Himmel Wasser
hat herabkommen lassen
und dadurch die Erde, nachdem sie abgestorben war,
belebt hat,
sagen sie: ›Allah‹...
Wenn sie ein Schiff besteigen
beten sie zu Allah, indem sie sich in ihrem Glauben
ganz auf ihn einstellen.
Aber nachdem er sie an Land gerettet hat,
gesellen sie (ihm) auf einmal (andere Götter) bei. **29.61-65**

Das Wort »beigesellen« kommt von der gleichen Wurzel wie *schuraka*, das im Koran häufig für »Begleiter« oder »Partner« gebraucht wird, welche die Heiden Gott beigesellen – eben andere Götter.

Eine andere Stelle zeigt, daß es in Mekka Leute gab, die nicht an Muhammads Botschaft, wohl aber an Allah glaubten:

Sag: Wem gehört die Erde und die, die auf ihr sind...?
Sie werden sagen:›Allah‹.
Sag: Wollt ihr euch denn nicht mahnen lassen?
Sag: Wer ist der Herr der sieben Himmel
Und der Herr des gewaltigen Thrones?
Sie werden sagen: ›Allah‹.
Sag: Wollt ihr denn nicht gottesfürchtig sein?
Sag: In wessen Hand liegt die Herrschaft über alles,
(so daß) er Schutz gewährt,
während gegen ihn kein Schutz gewährt werden kann?...
Sie werden sagen: ›Allah‹.
Sag: Wie verzaubert seid ihr? **23.84-89**

Von diesen Leuten wurde überdies gesagt, sie betrachteten die anderen Götter, zu denen sie beteten, als Fürsprecher bei Allah zu ihren Gunsten:

Sie verehren an Allahs Statt etwas, was ihnen weder schadet
noch nützt.
Und sie sagen: ›Das sind unsere Fürsprecher bei Allah.‹ **10.18**

Zu diesen Gottheiten gehören ohne Zweifel die drei in Sure 53 erwähnten, nämlich Allat, al-^{c}Uzza und Manat, während andere, wahrscheinlich männliche, im Zusammenhang mit Noah (70.23) genannt werden; sie wurden vermutlich in Südarabien verehrt. Folgende Stelle bezieht sich auf weibliche Gottheiten:

Und wenn du sie fragst, wer Himmel und Erde geschaffen hat,
sagen sie: ›Allah‹.
Sag: Was meint ihr denn mit dem, wozu ihr betet,
anstatt zu Allah?
Wenn Gott Not über mich bringen will,
werden dann etwa sie (die weiblichen Wesen)
die von ihm verhängte Not beheben?
Oder wenn er mir Barmherzigkeit erweisen will,
werden dann etwa sie seine Barmherzigkeit zurückhalten? **39.38**

[Die Pronomina und Partizipien sind hier weiblich]. Man könnte auch denken, daß diese Gottheiten Engel sein sollten:

Und sie machen die Engel, die doch Diener
des Barmherzigen sind
zu weiblichen Wesen …
Und sie sagen: ›Wenn der Barmherzige gewollt hätte,
hätten wir sie nicht verehrt‹.
Sie haben kein Wissen darüber. Sie raten nur. **43.19f.**

Die heidnischen Götter wurden also bisweilen als Söhne und Töchter Gottes aufgefaßt (6.100). Da die drei erwähnten weiblichen Gottheiten in der Nachbarschaft von Mekka verehrt wurden, gab es vielleicht auch Verse, welche die Araber verhöhnten, die der männlichen Nachkommenschaft einen so hohen Rang beimaßen (16.58 f.), Gott aber nur Töchter zuschrieben, während sie selbst Söhne hatten: »Hat denn euer Herr für euch die

Söhne ausersehen und sich selbst aus dem Kreis der Engel weibliche Wesen genommen?« (17.40; vgl. 37.149f.).

All dies weist darauf hin, daß es in Mekka bereits einige Menschen gab, die an Allah als eine mehreren anderen übergeordnete Gottheit glaubten, als Muhammad anfing, Offenbarungen zu empfangen. (Dieser Punkt wird ausführlicher in meinem Buch *Muhammad's Mecca: History in the Qur'án*, S. 29-36 behandelt.) Dies scheint es manchen Leuten leichter gemacht zu haben, Muhammads Lehre anzunehmen, bedeutete jedoch auch, daß deren Ansicht in vielerlei Hinsicht korrigiert werden mußte.

Die Ablehnung der Existenz anderer Götter wie in der Eröffnung der Schahada findet sich ausdrücklich in einem Vers, in dem die Ungläubigen dies zurückweisen und Muhammad beschimpfen:

So verfahren wir mit den Sündern.
Wenn man zu ihnen sagte:
›Es gibt keinen Gott außer Gott',
waren sie hochmütig und sagten:
Sollen wir einem besessenen zuliebe unsere Götter aufgeben?‹

37.34-36

Die Eröffnung kommt auch in 47.19 vor und in anderen Versen in der Form: »Es gibt keinen Gott außer ihm.«

Das Thema von Gottes Güte gegen seine Schöpfung und besonders gegen die Menschen taucht schon früh im Koran auf, wie wir bereits gesehen haben. Zwei weitere Stellen bringen denselben Gedanken zum Ausdruck:

Hast du denn nicht gesehen, daß Gott Wasser hat vom Himmel
herabkommen lassen,
worauf die Erde grün wurde?
Er findet Mittel und Wege und ist wohl unterrichtet.
Ihm gehört, was im Himmel und auf der Erde ist.
Er ist der, der reich und des Lobes würdig ist.
Hast du denn nicht gesehen, daß Gott, was auf der Erde ist,
in euren Dienst gestellt hat,

desgleichen die Schiffe, damit sie – auf seinen Befehl –
auf dem Meer fahren,
und den Himmel hält, so daß er nicht –
außer mit seiner Erlaubnis – auf die Erde fällt?
Gott ist gegen die Menschen mitleidig und barmherzig.
Und er ist es, der euch lebendig gemacht hat
Und euch dann sterben läßt und darauf (wieder) lebendig macht.
Der Mensch ist wirklich undankbar. **22.63-66**

Gott ist es, der Himmel und Erde geschaffen hat,
und der vom Himmel Wasser herabkommen ließ
und dadurch, euch zum Unterhalt, Früchte hervorbrachte.
Und er hat die Schiffe in euren Dienst gestellt, damit sie –
auf seinen Befehl – auf dem Meer fahren,
ebenso die Flüsse,
desgleichen die Sonne und den Mond voller Eifer,
und den Tag und die Nacht. **14.32f.**

Im Koran gibt es auch viele Stellen, welche die Aufmerksamkeit der Menschen auf Zeichen in der Natur lenken, die von Gottes Güte zeugen. So, zum Beispiel, folgende:

Und ein Zeichen ist für sie die abgestorbene Erde.
Wir haben sie wiederbelebt und Korn aus ihr hervorgebracht,
das ihnen zur Nahrung dient.
Und wir legten Gärten auf ihr an mit Palmen und Weinstöcken
Und ließen Quellen auf ihr hervorsprudeln.
Damit sie von dem, was sie davon ernten, essen können.
Es ist nicht ihrer Hände Werk.
Können sie denn nicht dankbar sein?
Gepriesen sei der, der alle Paare geschaffen hat:
Von dem, was die Erde wachsen läßt und von ihnen selber
und von dem, was sie nicht wissen.
Und ein Zeichen ist für sie die Nacht.
Wir ziehen den Tag von ihr weg, worauf sie sich plötzlich
im Dunkeln befinden.
Und die Sonne. Sie läuft einem Ort zu, an dem sie sich aufhält …

Und für den Mond haben wir Stationen bestimmt,
bis er schließlich wird wie ein alter Dattelrispenstiel.
Und weder steht es der Sonne an, den Mond einzuholen,
noch kommt die Nacht dem Tag zuvor.
Alle schwimmen in einem Himmelsgewölbe.
Und ein Zeichen ist es für sie, daß wir ihre Nachkommenschaft
auf das gedrängte volle Schiff verladen haben …
Wenn wir wollen, lassen wir sie ertrinken.
Dann gibt es für sie keine Möglichkeit zu rufen,
und sie finden keine Rettung,
es sei denn, aus Barmherzigkeit von uns,
und zur Nutznießung auf eine Zeit. **36.33-44**

Andere, kürzere Passagen erwähnen ähnliche Dinge, wie zum Beispiel die Schöpfung des Himmels und der Erde, die Festigkeit der Berge und die wechselnden Winde. Der zentrale Gedanke in vielen dieser Passagen ist die Güte dieses machtvollen Gottes gegen die Menschen, die ihrerseits aufgerufen sind, dankbar zu sein und ihn zu verehren. Auf eine Stelle, die Gottes Güte preist, folgt der Vers: »Und zu seinen Zeichen gehört es, daß er Winde schickt, damit sie frohe Botschaft (mit der Aussicht auf Regen) bringen und er euch von seiner Barmherzigkeit spüren läßt und damit die Schiffe – auf seinen Befehl – fahren, und damit ihr danach strebt, daß er euch Gunst erweist. Vielleicht würdet ihr dankbar sein« (30.46).

Es gibt auch Stellen aus späterer Zeit, in der die wohltätige Macht Gottes der Machtlosigkeit der angeblichen Göttern der Heiden entgegengestellt wird. Ein Beispiel dafür findet sich nach einer Passage, in der von Engeln die Rede ist, die von Gott herniedergesandt wurden, um die Menschen davor zu warnen, daß es außer ihm keinen Gott gibt:

Er hat Himmel und Erde wirklich geschaffen.
Und er ist erhaben über das, was sie ihm
(ihm an anderen Göttern) beigesellen.
Er hat den Menschen aus einem Tropfen (Sperma) geschaffen.
Und gleich ist er ausgesprochen streitsüchtig.

Und das Vieh hat er geschaffen.
Es bietet euch die Möglichkeit,
euch warm zu halten und ist euch
(auch sonst) von Nutzen.
Und ihr könnt davon essen.
Auch findet ihr es schön, wenn ihr (es abends) ein-
und (morgens) zum Weiden austreibt.
Und es trägt eure Lasten zu einem Ort,
den ihr nur mit großer Mühe erreichen könntet.
Euer Herr ist wirklich mitleidig und barmherzig.
Und die Pferde (hat er geschaffen) und die Maultiere und Esel,
damit ihr sie besteigt, sowie als Schmuck.
Und er schafft, was ihr nicht wißt.
Und die Einhaltung des (rechten) Wegs obliegt Gott.
Es gibt darunter auch welche, die abweichen.
Und wenn er gewollt hätte, hätte er euch insgesamt rechtgeleitet.
Er ist es, der vom Himmel Wasser hat herabkommen lassen.
Davon gibt es für euch zu trinken,
und davon gibt es Gebüsch, in dem ihr (euer Vieh)
weiden lassen könnt.
Er läßt euch dadurch das Getreide wachsen,
und die Ölbäume, Palmen und Weinstöcke und allerlei Früchte.
Darin liegt ein Zeichen für Leute, die nachdenken.
Und den Tag und die Nacht hat er in euren Dienst gestellt,
desgleichen die Sonne und den Mond.
Und die Sterne sind durch seinen Befehl (euch) dienstbar gemacht.
Darin liegen Zeichen für Leute, die Verstand haben.
Und was er euch (sonst noch) an verschiedenen Arten
hat wachsen lassen.
Darin liegt ein Zeichen für Leute, die sich mahnen lassen.
Und er ist es, der das Meer in euren Dienst gestellt hat,
damit ihr frisches Fleisch daraus esset
und Schmuck daraus herausholt, um ihn euch anzulegen.
Und du siehst Schiffe darauf Furchen ziehen.
Dabei sollt ihr danach streben, daß er euch Gunst erweist
(indem ihr auch auf dem Meer eurem Erwerb
nachgehen könnt).

Vielleicht würdet ihr dankbar sein.
Und er hat auf der Erde feststehende (Berge) angebracht,
damit sie mit euch nicht ins Schwanken komme,
und Flüsse und Wege.
Vielleicht wolltet ihr euch rechtleiten lassen …
Ist denn einer, der erschafft,
(gleich) wie einer, der nicht erschafft? **16.3-17**

Wie die Genesis der Bibel, auf die es jedoch nur vereinzelte Hinweise gibt (32.4; 41.9f.), geht der Koran davon aus, daß die Welt in sechs Tagen erschaffen wurde. Eine eingehende Beschreibung dessen, was an jedem dieser sechs Tage geschah, kommt, im Gegensatz zum Anfang des Alten Testaments, im Koran nicht vor. Viele westliche Christen glauben, daß das Werk der Schöpfung auf diese sechs Tage beschränkt war, was jedoch nicht der Sicht des Alten Testaments entspricht. Die Schöpfung wird darin als kontinuierlicher Prozeß betrachtet, und insbesondere wird jeder Mensch einzeln von Gott erschaffen. Die erwähnten Koranstellen belegen, daß dort die Schöpfung auf gleiche Weise gesehen wird.

Die koranische Auffassung der allesdurchdringenden schöpferischen Wirkungsmacht Gottes führt zu dem Schluß, daß der menschliche Wille vollkommen vom göttlichen Willen beherrscht wird, und daß, was als Taten der Menschen erscheint, in Wirklichkeit das Handeln Gottes ist. Es gibt eine Stelle, die bestätigt, daß Gott der eigentliche Urheber des Siegs in der Schlacht von Badr war: »Und nicht ihr habt sie getötet, sondern Gott. Und nicht du (Muhammad) hast jenen (Pfeil)schuß ausgeführt, sondern Gott« (8.17).

Besonders die Wahl eines Individuums, an die Offenbarung zu glauben oder nicht, scheint in Gottes Hand zu liegen:

Dies ist eine Erinnerung.
Wer nun will, schlägt einen Weg zu seinem Herrn ein.
Aber ihr wollt nicht, es sei denn, Gott will es.

76.29f.; vgl. 10.99; 81.27-29

Die Frage, ob eine Person glaubt oder nicht, ist oft verbunden mit der Vorstellung von Gottes Gunst, Hilfe oder Rechtleitung auf der einen und der Irreführung oder der Gottesverlassenheit auf der anderen Seite:

Und wenn Gott einen rechtleiten will, weitet er ihm die Brust
für den Islam.
Wenn er aber einen irreführen will, macht er ihm die Brust
eng und bedrückt. **6.125**

Und wenn Gott gewollt hätte, hätte er euch zu einer einzigen
Gemeinschaft gemacht.
Aber er führt irre, wen er will, und leitet recht, wen er will. **16.93**

Er führt (mit dem von Gott geprägten Gleichnis) viele irre.
Aber er leitet damit viele recht.
Und nur die Frevler führt er damit irre. **2.26**

Die vorislamischen Araber glaubten, daß die wichtigsten Ereignisse im Menschenleben vom Schicksal (oder der Zeit) vorherbestimmt waren, und der Koran scheint diese Auffassung übernommen, jedoch durch die Bestimmung Gottes ersetzt zu haben. Deshalb heißt es von Lot in 27.57: »Und wir erretteten ihn und seine Familie mit Ausnahme seiner Frau. Wir bestimmten, daß sie zu denen gehören würde, die zurückblieben.« Wie wir noch in einem anderen Kapitel sehen werden, waren Ratschluß Gottes (*qada'*) und Vorherbestimmung (*qadar*) bei späteren Theologen sehr umstritten.

In späteren Jahren beklagten sich einige Muslime in Medina bei Muhammad, wenn sie von einem Unglück heimgesucht wurden, worauf er ihnen geantwortet haben soll: »Sag: Uns wird nichts treffen, was nicht Gott uns verschrieben (vorherbestimmt) hat« (9.51). Ein ähnlicher früherer Vers lautet: »Kein Unglück trifft ein, weder auf der Erde noch bei euch selber, ohne daß es in einer Schrift wäre, noch ehe wir es erschaffen« (57.22).

Ungeachtet dieser deutlichen Leugnung menschlicher Fähigkeit zum Handeln, besteht der Koran darauf, daß die Menschen für ihre Taten verantwortlich sind. Es gibt eine Reihe von Versen, die darauf hinweisen, daß Gottes Rechtleitung – oder Irreführung – auf eine gewisse individuelle Entscheidung hin erfolgt.

Diejenigen, die nicht an die Zeichen Gottes glauben,
werden von Gott nicht rechtgeleitet. **16.104**

Aber dem, der umkehrt und glaubt und tut, was recht ist,
und sich hierauf rechtleiten läßt, bin ich bereit zu vergeben. **20.82**

Wie sollte Gott Leute rechtleiten, die ungläubig geworden sind,
nachdem sie gläubig waren?...
Gott leitet das Volk der Frevler nicht recht. **3.86**

Vor allem in der Lehre vom Jüngsten Gericht ist die Verantwortung des Menschen enthalten, insofern der Koran davon ausgeht, daß Gott gerecht ist, und es eindeutig ungerecht wäre, jemanden für eine Handlung zu bestrafen, für die er nicht verantwortlich war. Die Doktrin kam schon, wie oben erwähnt, in den ersten Offenbarungen vor. Am Jüngsten Tag werden die Menschen vom Tod auferstehen und vor Gottes Gericht gebracht werden, und das Urteil wird sich nach ihren guten oder schlechten Taten richten. Daraufhin werden sie in den Garten oder ins Feuer verwiesen – das heißt, ins Paradies oder in die Hölle. Manchmal heißt es, daß ihre Handlungen auf die Waage gelegt werden:

Wer (dann auf Grund seiner guten Werke) schwere
Waagschalen hat,
hat ein angenehmes Leben.
Wer aber leichte Waagschalen hat,
dessen Mutter (d.i. die Behausung) geht zugrunde.
Doch wie kannst du wissen, was das bedeutet?
Loderndes Feuer. **101.6-11**

Der letzte Zustand des Gottesfürchtigen und des Sünders wird mitunter gründlicher beschrieben, so zum Beispiel in der folgenden Textstelle:

An diesem Tag sind die Freunde einander feind.
Ausgenommen die Gottesfürchtigen.
›Ihr meine Diener braucht heute keine Angst zu haben,
und ihr werdet nicht traurig sein,
die ihr an unsere Zeichen geglaubt habt und ergeben waret.
Geht mit euren Gattinnen ins Paradies ein und ergötzt euch!‹
Man macht unter ihnen mit Schüsseln aus Gold und mit Humpen die Runde,
und es gibt darin, was das Herz begehrt und woran sich das Auge erfreut.
›Und ihr werdet (ewig) darin verweilen.
Dies ist das Paradies, das ihr als Erbe erhalten habt (zum Lohn) für das, was ihr getan habt.
Ihr findet darin viele Früchte, von denen ihr essen könnt.‹
Die Sünder werden (ewig) in der Strafe der Hölle weilen.
Man läßt ihnen dann nichts nach, während sie darüber ganz verzweifelt sind.
Und wir haben nicht gegen sie gefrevelt.
Sie waren es vielmehr, die gefrevelt haben.
Und sie rufen: ›Herrscher, Dein Herr soll uns den Garaus machen!‹
Er (aber) sagt: ›Ihr werdet (hier) bleiben.‹
Wir haben euch doch die Wahrheit gebracht.
Aber die meisten von euch verabscheuen die Wahrheit. **43.67-78**

Diese Stelle zeigt deutlich, daß muslimische Frauen einen Platz im Paradies haben; auch andere Stellen erwähnen Männer, Frauen und Kinder, die als Familien in das Paradies eingehen. Früher machten westliche Berichte über den Islam viel Getue um die großäugigen Huris, welche dort die Gefährtinnen der Gläubigen sein sollten (44.54; 52.20; 55.72; 56.23). An anderen Stellen (z.B. 37.48) werden die reizenden weiblichen Begleiterinnen der Glückseligen beschrieben, ohne daß von Huris die Rede ist. Bei diesen Berichten über das Leben im Paradies ist es wichtig zu bedenken, daß es sich um Versuche handelt, mit menschlicher Sprache etwas auszudrücken, was der menschliche Verstand nicht vollkommen begreifen kann. Dies bedeutet auch, daß man nicht versuchen sollte, stark voneinander abweichende Beschreibungen des Lebens im Paradies in Übereinstimmung zu bringen, da sie ohnehin nur Annäherungsversuche des menschlichen Geistes an einen angemessenen Begriff sein können. Es ist auch festzuhalten, daß viele spätere Muslime der Meinung waren, die größte Freude im Paradies wäre, das Antlitz Gottes zu schauen, wofür sie eine Bestätigung im Koran fanden: »An jenem Tag wird es strahlende Gesichter geben, die auf ihren Herrn schauen« (75.22f.).

Weitere Verse im Koran schreiben Gott »die schönsten Namen« zu (7.180; 17.110; 20.8; 59.24), und dementsprechend werden Gott, besonders am Ende der Verse, viele Namen gegeben. Spätere Muslime übernahmen diese verbreitete Vorstellung und stellten eine Liste der 99 schönsten Namen Gottes zusammen; sie wurde zur Grundlage einer Meditationsform, bei der die *subha*, der Rosenkranz, zur Anwendung kam. Die Namen selbst stammen aus dem Koran, wo viele Verse mit zwei Namen Gottes enden, wie aus den oben zitierten Stellen ersehen werden kann. Tatsächlich kann man mehr als 99 Namen finden.

Prophetentum

Während in den frühesten Passagen des Korans die Berufung Muhammads als diejenige eines »Warners« (vor dem Jüngsten Gerichts) oder »eines, der erinnert« bezeichnet wird, so wurde er schon bald Prophet oder Gesandter genannt, und unter Muslimen ist »Gesandter Gottes« die geläufigste Bezeichnung für ihn. Spätere muslimische Gelehrte unterschieden zwischen den Funktionen des Propheten und denen des Gesandten: Ein Prophet war jemand, der von Gott eine Botschaft erhalten hat, während der Gesandte von Gott beauftragt wurde, einem bestimmten Volk Botschaften zu bringen; es soll 124.000 Propheten gegeben haben, aber nur 315 Gesandte Gottes. Das sind natürlich kuriose Zahlen und im Koran überhaupt nicht belegt, auch wenn das Wort »Gesandter« im Arabischen durch das Partizip »einer, der gesandt ist« ausgedrückt wird. Sowohl für den Propheten als auch für den Gesandten ging die Initiative von Gott aus. Da das Wort *»messenger«* im Englischen nicht Träger einer religiösen Bedeutung ist[2] empfiehlt es sich, von Muhammads Berufung zum Propheten zu sprechen.

Während die Mekkaner ihren Unglauben an Muhammads Prophetentum zum Ausdruck brachten, legte der Koran Wert darauf, daß er Glied einer langen Kette von Propheten in früheren Zeiten und an anderen Orten war. Diese hätten im wesentlichen die gleiche Botschaft von Gott verkündet und die Leute aufgerufen, an Gott zu glauben und an das Jüngste Gericht, wo sie entsprechend ihrer Taten ins Paradies oder in die Hölle verwiesen würden. Alle diese früheren Propheten sollen auch die Aufgabe gehabt haben, den Menschen, die nicht an Gott glaubten, diese Botschaft zu verkünden. Der Koran hatte offenbar keine Kenntnisse von den alttestamentarischen Buchpropheten, deren Funktion darin bestand, Menschen, die an Gott glaubten, aber abgefallen waren und sich Gottes Befehlen widersetzten, zu ermahnen und vor Bestrafung zu warnen.

Der Koran erwähnt mehrere frühere Propheten, die belegen sollen, daß Muhammad aus einer langen Tradition hervorging. Dies kann an einer der Erzählungen von Abraham illustriert werden:

Und verlies ihnen die Geschichte von Abraham!
Als er zu seinem Vater und seinen Leuten sagte:
›Was verehrt ihr?‹
Sie sagten: ›Wir verehren Götzen
Und geben uns ihnen inständig hin.‹
Er sagte: ›Hören sie euch etwa, wenn ihr betet?
Oder können sie euch nützen oder schaden?‹
Sie sagten: ›Nein! Aber wir haben gefunden,
daß unsere Väter es ebenso gemacht haben.‹
Er sagte: ›Was meint ihr denn mit dem, was ihr verehrt habt,
ihr und früher eure Väter?
Sie sind mir alle feind.
Nicht so der Herr der Menschen in aller Welt,
er, der mich geschaffen hat und nun rechtleitet,
der mir zu essen und zu trinken gibt,
und mich, wenn ich krank bin, heilt,
der mich sterben läßt und darauf (wieder) lebendig macht,

und von dem ich hoffe, daß er mir am Tag des Gerichts
meine Sünde vergibt.
Herr! Schenk mir Urteilskraft
und nimm mich unter die Rechtschaffenen auf.
Verleih mir guten Ruf unter späteren (Generationen)
Und mach mich zu einem Erben des Gartens der Wonne!
Und vergib meinem Vater!
Er gehörte zu denen, die irregehen.
Und laß mich am Tag, da sie erweckt werden,
nicht zuschanden werden, –
am Tag, da weder Vermögen noch Söhne etwas nützen,
sondern nur, wenn einer mit gesundem Herzen zu Gott kommt‹ …
Und der Höllenbrand wird denen, die abgeirrt sind,
vor Augen gestellt.
Und zu ihnen wird gesagt:
›Wo ist das, was ihr verehrt habt, statt Gott?
Können sie euch etwa helfen, oder wissen sie sich (selber) zu helfen?‹
Und dann werden sie in ihn(den Höllenbrand) gestürzt,
sie und diejenigen, die abgeirrt sind,
und die Heerscharen des Iblis alle zusammen.
Sie (die Götzendiener) sagen, während sie darin
miteinander streiten:
›Bei Gott! Wir befanden uns offensichtlich im Irrtum,
als wir euch dem Herrn der Menschen in aller Welt gleichmachten.
Niemand anderes als die Sünder haben uns irregeführt.
Und nun haben wir weder Fürsprecher noch einen warmen Freund.
Hätten wir doch Umkehr, damit wir gläubig werden!‹ **26.69-102**

Ein kürzerer Bericht von Abrahams Prophetentum ist folgender:

Und gedenke in der Schrift des Abraham!
Er war ein Wahrhaftiger und ein Prophet.
Als er zu seinem Vater sagte:
›Vater! Warum verehrst du etwas, was weder hört noch sieht
noch dir etwas hilft?
Vater! Ich habe Wissen erhalten, das du nicht erhalten hast.
Folge mir, dann führe ich dich einen ebenen Weg!

Vater! Diene nicht dem Satan!
Der Satan ist gegen den Barmherzigen widerspenstig.
Vater! Ich fürchte, daß du vom Barmherzigen einer Strafe erleiden und daraufhin ein Freund des Satans werden wirst.‹
Er sagte: ›Willst du denn meine Götter verschmähen, Abraham?
Wenn du nicht aufhörst, werde ich dich bestimmt steinigen.
Meide mich geraume Zeit.‹
(Abraham) sagte: ›Heil sei über dir.
Ich werde meinen Herrn für dich um Vergebung bitten.
Er ist mir gnädig gesinnt.
Ich halte mich von euch und von dem fern, wozu ihr betet, statt zu Gott, und bete zu meinem Herrn.
Vielleicht habe ich, wenn ich zu meinem Herrn bete, keinen Mißerfolg.‹
Nachdem er sich nun von ihnen und dem, was sie an Gottes Statt verehrten, ferngehalten hatte,
schenkten wir ihm den Isaak und den Jakob.
Und jeden (von ihnen) machten wir zu einem Propheten. **19.41-49**

Es wird weiter berichtet, warum Abraham glaubte, daß Gott das Opfer seines Sohns verlange. Er machte sich daran, zu tun, wie ihm geheißen, doch Gott hinderte ihn daran (37.101-111). An dieser Stelle wird der Name des Sohnes nicht genannt, und gemeinhin sind Muslime der Ansicht, daß es sich um Ismael handle und nicht um Isaak, wie in der Bibel aufgeführt. Nach dem Koran soll Abraham in Mekka gebetet und zusammen mit Ismael die Kaᶜba als Ort für den Gottesdienst bestimmt haben (2.125-126; vgl. 22.26-31). Ein Teil der Araber zu Muhammads Zeiten akzeptierte Ismael als ihren Vorfahren.[3]

Eine weitere Funktion der koranischen Prophetenberichte bestand darin, zu zeigen, wie diejenigen, welche die Botschaft des Propheten ablehnten, bestraft, während der Prophet und die Gläubigen errettet wurden. Noah war ein Beispiel dafür:

Die Leute Noahs ziehen die Gesandten (Gottes) der Lüge.
Als ihr Bruder Noah zu ihnen sagte:
›Wollt ihr nicht gottesfürchtig sein?

In mir habt ihr einen zuverlässigen Gesandten.
Daher fürchtet Gott und gehorchet mir!
Ich verlange von euch keinen Lohn dafür.
Der Herr der Menschen in aller Welt kommt allein
für meinen Lohn auf.
Daher fürchtet Gott und gehorchet mir!‹
Sie sagten: ›Sollen wir dir glauben,
wo dir doch (nur) die Niedrigsten Gefolgschaft leisten?‹
Er sagte: ›Wie kann ich wissen, was sie getan haben?
Mein Herr allein hat mit ihnen abzurechnen.
Wenn euch doch bewußt wäre.
Ich werde die Gläubigen nicht verstoßen.
Ich bin nichts als ein deutlicher Warner.‹
Sie sagten: ›Noah! Wenn du nicht aufhörst,
wird man dich bestimmt steinigen.‹
Er sagte: ›Herr! Meine Landsleute haben mich der Lüge geziehen.
Triff nun zwischen mir und ihnen eine Entscheidung
und errette mich und die Gläubigen, die mit mir sind!‹
Da erretteten wir ihn und diejenigen, die mit ihm
im gedrängt vollen Schiff waren.
Hierauf, nachdem das geschehen war,
ließen wir die übrigen ertrinken.
Darin liegt ein Zeichen.
Doch die meisten von ihnen sind nicht gläubig. **26.105-121**

Auf diesen Bericht folgen andere mit ähnlichen Worten über drei arabische Propheten, die in der Bibel nicht erwähnt sind sowie zu Abrahams Neffen Lot. Die drei arabischen Propheten sind Hud, der zum Stamm der ᶜAd gesandt wurde, Salih, vom Stamm der Thamud und Schuᶜaib von den Leuten des Waldes (vielleicht die Midianiter). In jedem der drei Fälle wurde die Botschaft des Propheten verworfen und die Menschen dafür bestraft, allerdings auf unterschiedliche Weise. Der Bericht von Lot kann als Beispiel für die Behandlung dieser drei Propheten dienen. Er führt die Zerstörung von Sodom und Gomorrha an, ohne jedoch die Namen der Städte zu erwähnen:

Die Leute Lots ziehen die Gesandten (Gottes) der Lüge.
Als ihr Bruder Lot zu ihnen sagte:
›Wollt ihr nicht gottesfürchtig sein?
In mir habt ihr einen zuverlässigen Gesandten.
Daher fürchtet Gott und gehorchet mir!
Ich verlange von euch keinen Lohn dafür.
Der Herr der Menschen in aller Welt kommt allein
für meinen Lohn auf.
Wollt ihr euch denn mit Menschen männlichen Geschlechts
abgeben
und lassen, was euer Herr in euren Gattinnen geschaffen hat?
Nein, ihr seid Leute, die sich einer Übertretung schuldig machen.‹
Sie sagten: ›Lot! Wenn du nicht aufhörst,
wird man dich bestimmt vertreiben.‹
Er sagte: ›Ich verabscheue, was ihr tut.
Herr! Errette mich und meine Familie von dem, was sie tun!‹
Da erretteten wir ihn und seine ganze Familie,
mit Ausnahme einer alten Frau (die) unter denen (war),
die zurückblieben.
Hierauf rotteten wir die anderen aus und ließen einen Regen
auf sie niedergehen.
Schlimm hat es auf diejenigen geregnet,
die gewarnt worden waren.
Darin liegt ein Zeichen.
Doch die meisten von ihnen sind nicht gläubig. **26.160-174**

An mehreren Stellen werden biblische Personen angeführt, die der Koran als Propheten betrachtet. Die längste dieser Stellen ist folgende: »Wir haben dir [Muhammad] (Offenbarungen) eingegeben wie dem Noah und den Propheten nach ihm: Und wir haben dem Abraham (Offenbarungen) eingegeben, Ismael, Isaak, Jakob und den Stämmen, Jesus, Jonas, Aaron und Salomo. Und dem David haben wir einen Psalter eingegeben« (4.163). Eine andere Auflistung (in 6.84-86) erwähnt mehrere von ihnen sowie Joseph, Moses, Zacharias, Johannes (den Täufer), Elias und Lot. Es wird auch behauptet, daß alle diese Propheten im wesentlichen dieselbe Botschaft verkündeten:

Sagt: ›Wir glauben an Gott und, was (als Offenbarung) zu uns,
und was zu Abraham, Ismael, Isaak, Jakob und den Stämmen
herabgesandt worden ist,
und was Mose und Jesus und die Propheten von ihrem Herrn
erhalten haben,
ohne daß wir bei einem von ihnen einen Unterschied machen.
Ihm (Gott) sind wir ergeben.‹ **2.136**

Der Koran enthält sehr viel Material zu Moses. Es gibt Anspielungen auf seine Geburt und sein frühes Leben, auf den Ruf aus dem brennenden Busch und auf seine Verbindung mit Aaron. Auch soll er die Schrift von Gott empfangen haben. Das wichtigste Anliegen des Prophetentums jedoch ist die Aufforderung an den Pharao und seine Leute, an Gott zu glauben. Deshalb gibt es viele Berichte über die Debatten des Moses mit den Magiern. Das Ertränken der Ägypter im Roten Meer wird daher als Bestrafung für die Zurückweisung des Propheten angesehen, vergleichbar den Bestrafungen anderer Ungläubiger. Auch die Plagen werden als Bestrafung betrachtet, teilweise jedoch für die Weigerung, die Israeliten ziehen zu lassen (7.130-136). Moses hatte den Pharao bereits gebeten, die Israeliten mit ihm davonziehen zu lassen (7.105, 134; vgl. 26.17).

Außerdem soll Gott dem Moses befohlen haben, seine Diener nachts wegzubringen und sie durch das Rote Meer zu führen (7.138; vgl. 10.90). Berichtet wird auch von den Israeliten auf dem Berg (Sinai oder Horeb) und davon, daß Moses vierzig Nächte auf dem Berg verbrachte und die Gesetze entgegennahm, während bei seiner Abwesenheit eine mysteriöse Person namens as-Samiri ein Kalb verfertigte, das die Leute anbeteten (7.142-156; 20.83-98). An einer anderen Stelle wird berichtet, Moses habe die Israeliten aufgefordert, in ein heiliges Land zu ziehen. Diese weigerten sich jedoch, weil sie Angst vor den Menschen hatten, die dort lebten; daraufhin mußten sie 40 Jahre in der Wüste verbringen. An anderer Stelle jedoch, ohne Hinweis auf die eben erwähnte, soll Gott, nachdem er die Ägypter ertränkt hatte, dem verachteten Volk die östlichen und westlichen Teile des von ihm gesegneten Landes gegeben haben

(7.137). Für jene, die mit der biblischen Geschichte von Moses vertraut sind, ist es nicht allzu schwierig, die Stücke zusammenzusetzen. Ausgehend vom Koran allein wäre dies so gut wie unmöglich. Aus diesem Grund zogen spätere muslimische Gelehrte das Alte Testament heran und verfaßten einen zusammenhängenderen Bericht über das Leben Moses'.

Die koranische Auffassung vom Prophetentum ist im Grunde eine Verallgemeinerung, die auf der Erleuchtung Muhammads beruht und auf dem, was er danach wirklich vollbrachte. Der Prophet ist jemand, zu dem Gott sprach und der antwortet, indem er sein Volk zum Glauben an Gott und an das Jüngste Gericht aufruft. Er und jene, die seine Botschaft annehmen, werden von Gott geschützt, während diejenigen, welche die Botschaft nicht annehmen, bestraft werden. Dies wird kurz zwischen den Geschichten von Noah und Moses zum Ausdruck gebracht:

Hierauf ließen unsere Gesandten einen nach dem anderen auftreten.
Sooft ein Gesandter zu seiner Gemeinschaft kam,
ziehen sie ihn der Lüge.
Und wir ließen sie aufeinanderfolgen. **23.44**

An einer Stelle wird Muhammad »das Siegel der Propheten« genannt (33.40). Für seine erste Zuhörerschaft bedeutete dies vermutlich nicht mehr, als daß die Offenbarungen Muhammads diejenigen der früheren Propheten bestätigten. Zu einem bestimmten Zeitpunkt, vielleicht noch zu Muhammads Lebzeiten, vielleicht auch später, wurde dies als Bestätigung dafür gewertet, daß Muhammad der letzte Prophet sei und nach ihm keiner mehr kommen werde. Als im ersten islamischen Jahrhundert muslimische Gelehrte die Doktrin von der verfälschten Schrift der Juden und Christen aufstellten, wie wir im nächsten Abschnitt zeigen werden, wurde diese Aussage dahingehend ausgelegt, daß Muhammad der letzte Prophet sei, der die Irrtümer, die sich in die früheren Offenbarungen eingeschlichen hatten, korrigiert und die vollständige und richtige Version von Gottes Offenbarung der Menschheit gebracht habe. Sie waren jedoch der Meinung, daß Gott den Gläubigen Wege aufzeigen werde, mit neuen Problemen, die sich aus den Veränderungen in der Welt ergeben, fertig zu werden.

Andere Religionen

Muhammad und seine frühen Anhänger wußten mit Sicherheit um die Existenz der jüdischen und der christlichen Religion; sie hatten auch Kontakte zu deren Anhängern, obgleich wahrscheinlich keine engeren bis zu dem Zeitpunkt, als sie mit den jüdischen Sippen in Medina in Berührung kamen. Dies ist wohl die Erklärung dafür, warum sie Juden und Christen ursprünglich als Glaubensgenossen betrachteten.

Diejenigen, die glauben (die Muslime) und diejenigen,
die dem Judentum angehören,
und die Christen und die Sabier,
– die, die an Gott und den Jüngsten Tag glauben und tun,
was recht ist,
denen steht bei ihrem Herrn ihr Lohn zu. **2.62**

Kurz nach der Hidschra spricht ein offenbarter Vers gut von den Christen, aber nicht gut von den Juden:

Du (Muhammad) wirst sicher finden,
daß diejenigen Menschen,
die sich den Gläubigen gegenüber am meisten feindlich zeigen,
die Juden und die Heiden sind.
Und du wirst sicher finden, daß diejenigen, die den Gläubigen
in Liebe am nächsten stehen,
die sind, welche sagen: ›Wir sind Nasara (Christen)‹.
Dies deshalb, weil es unter ihnen Priester und Mönche gibt,
und weil sie nicht hochmütig sind. **5.82**

Eine andere, vielleicht etwas spätere Erwähnung der Christen ist folgende:

Und wir ließen Jesus, den Sohn der Maria, folgen
und gaben ihm das Evangelium,
und wir setzten in das Herz derer, die sich ihm anschlossen,
Milde und Barmherzigkeit und Mönchtum.
– Sie brachten es auf.
Wir haben es ihnen nicht vorgeschrieben.
(Sie haben es) vielmehr im Streben nach Gottes Wohlgefallen
(auf sich genommen).
Doch hielten sie es nicht richtig ein. **57.27**

Zumindest eine den Juden günstig gesinnte frühe Erwähnung gibt es:

Gott hat doch die Verpflichtung der Kinder Israels
entgegengenommen …
Und Gott sagte, ›Ich bin mit euch.
Wenn ihr das Gebet verrichtet, die Almosensteuer gebt,
an meine Gesandten glaubt und ihnen helft
und Gott ein gutes Darlehen gebt, werde ich
eure schlechten Taten tilgen
und euch in Gärten eingehen lassen, in denen Bäche fließen.
Wer aber von euch, nachdem dies ergangen ist, ungläubig ist,
der ist vom rechten Weg abgeirrt.‹
Und weil sie ihre Verpflichtungen brachen,
haben wir sie verflucht.
Und wir machten ihre Herzen verhärtet … **5.12f.; vgl. 5.44**

Dennoch ist es möglich, daß mit den Israeliten nur diejenigen der Zeit Moses' und danach gemeint sind, denn eine andere Stelle besagt, nachdem beifällig von Abraham, Isaak und Jakob gesprochen wurde, »das ist eine Gemeinschaft, die der Vergangenheit angehört« (2.134).

In Muhammads späteren Jahren kritisierten die Juden von Medina und manchmal auch einige Christen mehrere Aussagen über biblische Gestalten im Koran. Wie wir bereits gesehen haben, gab es viele Hinweise auf solche Personen, und manche Geschichten wichen erheblich von der Bibel ab. In bestimmten, wenn auch keineswegs in allen Fällen stammten die Abweichungen anerkanntermaßen aus anderen jüdischen Büchern als der Bibel. Diese kritische Haltung gegenüber den Juden führte zu weniger günstigen Aussagen über sie im Koran. Eine solche ist:

Unter denen, die dem Judentum angehören,
entstellen welche die Worte von der Stelle weg,
an die sie hingehören.
Sie sagen: ›Wir hören und sind widerspenstig‹
und: ›Höre, ohne daß zu Gehör gebracht wird!‹
und: ›Gib auf uns acht‹, wobei sie den Wortlaut verdrehen
und hinsichtlich der Religion ausfällig werden.
Wenn sie sagen würden:›Wir hören und gehorchen‹ und ›Höre!‹
und ›schau auf uns!‹,
wäre es besser und richtiger für sie.
Aber Gott hat sie für ihren Unglauben verflucht.

4.46f.; vgl. 2.75; 5.13,41

Der dunkle Satz, »entstellen welche die Worte von der Stelle weg, an die sie hingehören«, kam zustande, weil der genaue Sinn des Arabischen nicht klar ist. Das mit »von der Stelle« übersetzte Wort kann sowohl »Orte, Stellen« als auch »Bedeutungen« sein, und das mit »entstellen« übersetzte Wort ist das Verb, von dem das Substantiv *tahrif* stammt, das benutzt wird, wenn die »Verfälschung« oder »Entstellung« der Bibel zur Sprache kommt. Es wird daher nicht deutlich, ob der Koran die Juden beschuldigt, den Text der Schrift oder nur die Interpretation entstellt zu haben. Von westlichen Gelehrten wurde vermutet, der erste Teil des Verses meine, die Juden wären den Muslimen mit sprachlichen Finten gekommen und hätten insbesondere mit der Lautähnlichkeit zwischen dem hebräischen *schamacnu wa-casinu,* »wir hören und gehorchen«, und dem arabischen *samcina wa-casaina,* »wir hören und sind widerspenstig«, gespielt. Dieser Vers und ähnliche Verse wurden von muslimischen Gelehrten des ersten Jahrhunderts nach Muhammads Tod benutzt, um ihre Doktrin von der vollständigen Verfälschung der jüdischen und christlichen Schrift zu rechtfertigen.

Die Koranverse selbst machen jedoch keine durchgängige Verfälschung der Texte oder Interpretationen geltend. Vielleicht gab es dann und wann Versuche, Verse verschwinden zu lassen, die nach Meinung der Muslime das Prophetentum Muhammads vorhersagten. Obwohl der Koran für diese Doktrin wenig Grundlage bietet, wurde sie von den Muslimen allgemein akzeptiert. In den neuen Provinzen diente sie weniger gebildeten Muslimen als Argumentationshilfe in der Auseinandersetzung mit gebildeten Christen, weil sie damit alles ablehnen konnten, was auf der Bibel basierte. Relativ wenig wird im Koran vom Neuen Testament gesagt. Es gibt eine Erwähnung der wunderbaren Geburt Johannes des Täufers, und vor allem wird von der jungfräulichen Empfängnis und der Geburt Jesu Christi berichtet. Da dies für den muslimisch-christlichen Dialog von Bedeutung ist, soll hier die Stelle in ganzer Länge zitiert werden. Wie sich zeigt, ist der Bericht über die Empfängnis ähnlich wie im Neuen Testament, während die Beschreibung der Geburt abweicht.

Und gedenke in der Schrift der Maria!
Als sie sich vor ihren Angehörigen an einen östlichen Ort
zurückzog!
Da nahm sie sich einen Vorhang vor ihnen.
Und wir sandten einen Geist zu ihr.
Der stellte sich dar als ein wohlgestalteter Mensch.
Sie sagte: ›Ich suche beim Erbarmer Zuflucht vor dir.
Wenn du gottesfürchtig bist.‹
Er sagte: ›Ich bin doch der Gesandte deines Herrn,
um dir einen lauteren Jungen zu schenken.‹
Sie sagte: ›Wie soll ich einen Jungen bekommen,
wo mich kein Mann berührt hat und ich keine Hure bin?‹
Er sagte: ›So (ist es, wie dir verkündet wurde).
Dein Herr sagt: Es fällt mir leicht (dies zu bewerkstelligen).
Und damit wir ihn zu einem Zeichen für die Menschen machen
und aus Barmherzigkeit von uns.
Es ist eine beschlossene Sache.‹
Da war sie nun schwanger mit ihm.

Und sie zog sich mit ihm an einen fernen Ort zurück.
Und die Wehen veranlaßten sie, zum Stamm der Palme zu gehen.
Sie sagte: ›Wäre ich doch vorher gestorben und ganz
in Vergessenheit geraten!‹
Da rief er ihr von unten her zu: ›Sei nicht traurig!
Der Herr hat unter dir ein Rinnsal Wasser gemacht.
Und schüttle den Stamm der Palme an dich!
Dann läßt sie saftige, frische Datteln auf dich herunterfallen.
Und iß und trink und sei frohen Mutes!
Und wenn du (irgend)einen von den Menschen siehst, dann sag:
Ich habe dem Barmherzigen ein Fasten gelobt.
Darum werde ich heute mit keinem menschlichen Wesen sprechen.‹
Dann kam sie mit ihm zu ihren Leuten, indem sie ihn trug.
Sie sagten: ›Maria! Da hast du etwas Unerhörtes begangen.
Schwester Aarons! Dein Vater war doch kein schlechter Mann
und deine Mutter keine Hure.‹
Da wies sie auf ihn. Sie sagten:
›Wie sollen wir mit einem sprechen, der als kleiner Junge
in der Wiege liegt?‹
Er sagte: ›Ich bin der Diener Gottes.
Er hat mir die Schrift gegeben und mich zu einem Propheten
gemacht.
Und er hat gemacht, daß mir, wo immer ich bin, Segen verliehen ist,
und mir das Gebet und die Almosensteuer anbefohlen,
solange ich lebe, und gegen meine Mutter pietätvoll (sein soll).
Und er hat mich nicht gewalttätig und unselig gemacht.
Heil sei über mir am Tag, da ich geboren wurde, am Tag,
da ich sterbe,
und am Tag, da ich zum Leben auferweckt werde!‹
Dies ist Jesus, der Sohn der Maria –
Um die Wahrheit zu sagen, über die sie im Zweifel sind. **19.16–34**

Nach diesem kurzen Blick auf Dinge, die der Koran über Judentum und Christentum berichtet, sind noch einige andere wichtige Punkte zu berücksichtigen. Ein Jude oder Christ, der den Koran liest und darin so viele biblische Gestalten antrifft, könnte meinen, daß dies Ausdruck einer weitgehenden Vertrautheit mit den beiden Religionen sei. Eine genaue Prüfung wird jedoch das Gegenteil an den Tag bringen. Trotz der Erwähnung zahlreicher biblischer Gestalten weist der Koran, außer was den Glauben an Gott und das Jüngste Gericht betrifft, erstaunlich wenig Kenntnisse über die wesentlichsten Dinge der jüdischen und christlichen Religion auf. In bezug auf das Judentum wird nichts über Gottes Aufforderung an Abraham gesagt, sein Land zu verlassen, und auch die Tatsache, daß die entscheidende Tat des Moses darin bestand, sein Volk aus Ägypten zu führen und sicher durch die Wüste in das verheißene Land Abrahams zu geleiten, wird nicht gewürdigt. Es gibt keine Ausführungen darüber, daß David in erster Linie ein erfolgreicher Kriegsführer war, der ein machtvolles Königreich errichtete, und keinerlei Wissen um die Zweiteilung des Reichs oder um Exil und Wiederherstellung.

Abgesehen von unterschiedlichen Berichten über die jungfräuliche Empfängnis und die Geburt Christi sind tatsächlich so gut wie keine Kenntnisse über das Christentum belegt. Es gibt auch einen Vers (4.157), der anscheinend den Tod Christi am Kreuz leugnet, und andere Verse, die besagen, daß Christen drei Götter verehren, offenbar den Vater, Jesus und Maria. Letzteres wird selbstredend verurteilt, es sollte jedoch beachtet werden, daß damit der Dreigötterglaube, den auch die Christen ablehnen, und nicht die christliche Lehre von der Dreifaltigkeit gemeint ist. Es ist natürlich möglich, daß manche Christen, die mit frühen Muslimen zusammentrafen, nicht besonders gebildet waren und etwas ähnliches über ihren Glauben von sich gaben, wie das, was im Koran steht. Wie schon früher erwähnt, unterstützt die relative Unwissenheit des Korans über Judentum und Christentum logischerweise die Behauptung, daß der Koran Muhammad unmittelbar von Gott offenbart worden sei, weil er so viele Wahrheiten über das Wesen und die Natur Gottes enthalte.

Es lohnt sich, etwas näher auf die vermeintliche Leugnung der Kreuzigung Christi einzugehen, weil dies für die Zukunft der Beziehungen zwischen Muslimen und Christen von größter Bedeutung ist. Der Glaube, daß Jesus am Kreuz starb und am dritten Tag von Gott zum ewigen Leben erweckt (und nicht nur zum Leben wiedererweckt) wurde, ist der Kern des christlichen Bekenntnisses. Die zentrale Handlung christlicher Verehrung ist die Eucharistie, die Messe, das Abendmahl, die Vergegenwärtigung des Erlösertodes Jesu. Die koranischen Verse sind hier recht vage. Eine mögliche Übersetzung wäre: »Sie (die Juden) haben ihn nicht getötet und nicht gekreuzigt. Vielmehr schien ihnen so.« Das Hauptziel dieses Verses besteht darin, zu leugnen, daß die Kreuzigung Christi ein jüdischer Sieg war; damit können die Christen einverstanden sein. Sie können aber unmöglich die Behauptung hinnehmen, daß der Tod am Kreuz gar nicht stattgefunden habe. Für die Zukunft der Beziehungen zwischen Islam und Christentum ist es daher wichtig, daß eine andere Interpretation des Verses gefunden wird, die den Kern christlichen Glaubens nicht leugnet. Versuche in dieser Richtung wurden von einigen muslimischen Gelehrten unternommen, insbesondere von Mahmoud Ayoub in seinem Artikel »The Death of Jesus: Reality or Delusion« (in: *Muslim World*, LXX, 1980, S. 91-121). Die letzten Sätze dieses Artikels sind es wert, zitiert zu werden:

> *Der Vorwurf an die Juden, »(weil sie) sagten: ›Wir haben Jesus Christus, den Sohn Marias und Gesandten Gottes, getötet‹«, mit dem der Vers beginnt, richtet sich nicht gegen die Verbreitung einer historischen Lüge oder gegen das falsche Zeugnis. Vielmehr richtet er sich, wie aus dem Zusammenhang klar wird, gegen menschliche Anmaßung und Torheit, es geht um die Haltung gegenüber Gott und seinem Gesandten. Die Worte für Jesus sind besonders signifikant. Sie wollen Jesus töten, den unschuldigen Mann, der auch der Christus ist, das Wort und Gottes Stellvertreter bei ihnen. Indem er Christus in diesen Zusammenhang stellt, richtet sich der Koran nicht nur an das Volk, das auch einen anderen Propheten hätte töten können, sondern der ganzen Menschheit wird mitgeteilt, wer Jesus ist. Der Koran spricht hier nicht von einem gerechten oder fehlgeleiteten Menschen, sondern vom Wort Gottes, das in die Welt entsandt wurde und wieder zu Gott zurückkehrte. Insofern ist die Leugnung der Tötung Christi die Zurückweisung der Macht des Menschen, das göttliche Wort, das immer siegreich bleiben wird, zu besiegen und zu zerstören. Daher reichen die Worte »Sie ha-*

ben ihn nicht getötet und nicht gekreuzigt« tiefer als nur bis zum Geschehen der vergänglichen menschlichen Geschichte. Sie treffen ins Herz und in das Gewissen des Menschen. Die Anmaßung der Menschen (hier beispielhaft vertreten durch die jüdische Gesellschaft im frühen Dasein Christi), diese Macht gegenüber Gott zu haben, kann nur illusorisch sein. »Sie haben ihn nicht getötet… Vielmehr schien ihnen so.« Sie bildeten sich das nur ein.

In den letzten ein, zwei Jahren von Muhammads Leben hatten die Muslime mehr Kontakt mit Juden und auch mit Christen. Der Koran gibt Anweisungen, wie einigen ihrer Angriffe auf den Islam zu begegnen sei. Der Kern koranischer Apologetik bestand in der Ausbildung der Lehre von der »Religion Abrahams«. Es wurde darauf verwiesen, daß Abraham weder Jude noch Christ war, was strenggenommen auch richtig ist, obwohl beide ihn für ihren geistigen Ahnen halten.

Ihr Leute der Schrift! Warum streitet ihr über Abraham,
wo doch die Thora und das Evangelium erst nach ihm
herabgesandt worden sind?
Habt ihr denn keinen Verstand?…
Abraham war weder Jude noch Christ.
Er war vielmehr ein ergebener hanif, *und keiner*
von den Götzendienern. **3.65,67**

Als Juden und Christen versuchten, Muslime zu bekehren, soll Muhammad erwidert haben, seine Gemeinde gehöre zur Religion Abrahams.

Und sie sagten: ›Ihr müßt Juden oder Christen sein,
dann seid ihr rechtgeleitet.‹
Sag: Nein! (Nur) die Religion Abrahams, eines Hanifen –
Er war kein Heide. **2.135**

Die Religion Abrahams wird demnach als eine Form des Monotheismus vorgestellt, der weder jüdisch noch christlich ist. Der Begriff *hanif* wird im Koran vorzugsweise für Abraham gebraucht, obwohl in einem Vers (30.30) gesagt wird, Muhammad habe sein »Antlitz auf die Religion« als Hanif gerichtet, ohne daß Abraham erwähnt wird. Muslimische Gelehrte nennen einen oder zwei Vorgänger von Muhammad, die Hanife gewesen sein sollen, aber es ist nicht klar, ob diese Personen die Bezeichnung für sich selbst benutzt haben. Es gibt einige abweichende Lesarten koranischer Texte, die besagen, daß während einer gewissen Zeit ein Anhänger Muhammads möglicherweise Hanif genannt wurde und seine Religion die Hanifiya.

Die fünf Säulen

Die wichtigsten fünf religiösen Pflichten eines Muslimen sind gemeinhin als die fünf Säulen bekannt. Im Koran empfing Muhammad die grundlegenden Anweisungen dazu, die praktische Ausarbeitung geschah jedoch zu seinen Lebzeiten und später, als die Juristen sich an die Formulierung der Regeln machten.

Die Schahada oder das Glaubensbekenntnis

Aus Gründen der Genauigkeit ist es üblich, in europäischen Sprachen den Begriff Schahada beizubehalten. Das arabische Wort bedeutet »Zeugnis ablegen«, und der Schahada wird oft der Satz »ich lege Zeugnis ab, daß ...« vorangestellt. Die Schahada ist ein kurzes Glaubensbekenntnis und lautet folgendermaßen: »Es gibt keinen Gott außer Gott, Muhammad ist der Gesandte Gottes.« Der erste Satz findet sich im Koran 37.35 und 47.19, und in leicht abweichenden Formen auch in anderen Versen. Der zweite Satz kommt in 48.29 vor, die Vorstellung ist jedoch überall gegenwärtig. Die Schahada taucht bisweilen auch im Gebet auf und kann mit dem im christlichen Gebet gesprochenen Glaubensbekenntnis verglichen werden. Es gibt auch längere Glaubensbekenntnisse im Islam, sie sind jedoch Ausdruck des Glaubens von Individuen oder bestimmten Schulen und werden nicht von der Gesamtheit des sunnitischen Islam offiziell anerkannt.

Gebet und Gottesdienst

Das arabische Wort *salat* wird oft mit »Gebet« oder »Gebeten« übersetzt, besser wäre jedoch »Gottesdienst«, da dies weit mehr enthält als das, was im Deutschen normalerweise unter Gebet verstanden wird. Es gibt sowohl Worte als auch Handlungen, und manche Worte sind keine Bitten, sondern Lobpreisungen Gottes. Ein Vers gebietet den Muslimen, die Salat einzuhalten, andere (2.238; 11.114; 17.78; 20.139; 30.17; 50.39f.) bezeichnen die richtige Zeit dafür, obgleich ohne eindeutige Angabe, welches die fünf obligatorischen Zeiten der Anbetung sein sollen. Es sind dies: vor Sonnenaufgang, am Mittag, am Nachmittag, nach Sonnenuntergang und am Abend. Zusätzliche Anbetungen können auch zu anderen Zeiten vollzogen werden. Während in Mekka Muhammad und manche seiner Anhänger sich in der Nacht erhoben, um über den Koran zu meditieren und andere Andachten zu halten (73.1-4), wurde diese Praxis später, als Muhammad nach Medina kam und tagsüber schwerere Aufgaben übernahm, eingestellt.

Die Salat wird meistens von vielen Muslimen gemeinsam vollzogen, kann aber auch von Individuen allein verrichtet werden. In jedem Fall geht der Salat eine Waschung voraus, damit der Betende rituell rein ist. Die Ausübung in einer Moschee ist nicht zwingend vorgeschrieben, jedoch empfohlen, insbesondere für den vormittäglichen Freitagsgottesdienst, der im allgemeinen von einer Predigt begleitet wird. Außerhalb der Moschee legt der Betende normalerweise aus Gründen der rituellen Reinheit einen Gebetsteppich vor sich aus. Die Betenden wenden sich in Richtung Mekka, nach der *qibla*. Beten mehrere gemeinsam, steht einer gewissermaßen als Vorbeter vor den anderen, die sich in einer Linie hinter ihm anschließen. Der Vorbeter gibt den Rhythmus der Handlungen vor, so daß alle im Gleichklang ablaufen. Diese Vorbeterposition ist jedoch nicht einer besonderen klerikalen Klasse vorbehalten. Die Gläubigen werden vom Muezzin, dem Ausrufer, vom Minarett der Moschee zum Gebet aufgerufen. In den älteren islamischen Ländern nehmen am öffentlichen Gebet vorwiegend Männer teil. In manchen Moscheen gibt es abgeteilte Räume für Frauen, in anderen müssen sie sich hinter den Männern gruppieren. In einigen afrikanischen Ländern findet so gut wie keine Trennung zwischen Männern und Frauen statt, nicht einmal bei der Waschung.

Die Salat besteht aus einer Einleitung, zwei oder vier »Zyklen« je nach Tageszeit und einem Schluß. Zu Beginn steht der Betende aufrecht, hebt die Hände an die Ohren und spricht das Lob Gottes, den *takbir*, das heißt, die Worte *allahu akbar* – »Gott ist größer«. Darauf wird die *fatiha* rezitiert, die Eröffnungssure des Korans:

Im Namen des barmherzigen und gnädigen Gottes.
Lob sei Gott, dem Herrn der Menschen in aller Welt,
dem Barmherzigen und Gnädigen,
der am Tag des Gerichts regiert.
Dir dienen wir, und dich bitten wir um Hilfe.
Führe uns den geraden Weg,
den Weg derer, denen du Gnade erwiesen hast,
nicht derer, die deinem Zorn verfallen sind und irregehen! **1.1-7**

Die Einleitung wird mit der Rezitation von einer oder mehreren Suren aus dem Koran abgeschlossen.

Der erste Zyklus (*rak*^{c}*a*) beginnt mit einem weiteren Lob Gottes, worauf die Beugung erfolgt. Dabei beugt sich der Betende nach vorn mit den Händen auf seinen Knien. Nach einer kurzen Rückkehr in die aufrechte Haltung folgt die Prosternierung, das heißt, er wirft sich auf die Knie und berührt den Boden mit seiner Stirn, wozu noch einmal ein Lob Gottes gehört. Nach dieser ersten Prosternierung setzt sich der Betende kurz auf seinen linken Fuß, danach erfolgt eine zweite Prosternierung. Damit ist der erste Zyklus abgeschlossen. Der Betende erhebt sich nun für die Verbeugung, die den zweiten Zyklus einleitet, und wiederholt dies immer wieder, wenn mehrere Zyklen folgen. Nach dem letzten Zyklus jedoch bleibt er auf seinem linken Fuß sitzen und wiederholt die Schahada. Dann sagt er, »Friede sei mit dir«, zuerst zu der Person zu seiner Rechten, sodann zu seiner Linken.

Dies ist der grundlegende Rahmen der Salat. Verschiedene Ausdrucksformen der Frömmigkeit werden an bestimmten Stellen eingesetzt, und Schriftsteller wie al-Ghazali ermuntern fromme Muslime, davon mehr Gebrauch zu machen. Al-Ghazali widmete eines der vierzig Bücher seiner *Revival of the Religious Sciences* der Salat. In Edwin E. Calverleys *Worship in Islam* gibt es neben der englischen Übersetzung dazu außerdem eine Einführung, die alle Einzelheiten erklärt. Ein kürzerer Bericht der Salat von al-Ghazali findet sich in meinem Buch *Faith and Practice of Al-Ghazali*, S. 130-136.

Das arabische Wort für Bittgebet oder Fürbitte ist *du^{c}a*; auch dieses wird im Koran erwähnt. Abraham soll gesagt haben:

> *Herr! Mach, daß ich Gebete verrichte, und (auch) Leute aus meiner Nachkommenschaft, Herr, und nimm mein Gebet (duca) an.* **14.40**

In einem anderen, bereits weiter oben erwähnten Vers (19.48) sagt Abraham, er werde für seinen Vater bei Gott Fürbitte leisten und hoffe, daß seine du^{c}a eine günstige Antwort erhalte. In einem weiteren Vers (2.186) sagt Gott, er werde dem Betenden, der bittet, Antwort geben.

Almosen

Im Koran wird die Salat oft in Verbindung mit der Zahlung der *zakat* erwähnt. Dieses arabische Wort wird manchmal mit »gesetzlichem Almosen« oder »Almosensteuer« übersetzt, was eine ungefähre Vorstellung von dem vermittelt, worum es sich handelt. Es geht um die Bezahlung eines Zehnten oder eines anderen Anteils an Früchten oder Getreide, die einer besitzt, um einen Anteil Kamele oder anderer Tiere aus einer Herde, um den Anteil Gold oder Silber und bestimmte andere Formen von Eigentum. In manchen islamischen Ländern wurde die *zakat* in späteren Jahrhunderten eine Form der Staatssteuer, die mit der Tatsache rechtfertigt wurde, daß in Muhammads späten Jahren ein Großteil davon an ihn bezahlt und danach von ihm an die

Armen oder zu anderen Zwecken verteilt wurde. Einige andere Ableitungen der arabischen Wurzel *zaka* schlagen dagegen »Reinigung« vor, und am Anfang bestand die Vorstellung, daß die Zakat eine Handlung der Reinigung für den Geber wäre.

Die Forderung nach Zahlung der Zakat wurde einige Zeit nach der Hidschra eingeführt. Das Hauptanliegen bestand wahrscheinlich darin, einzelne Muslime davon abzuhalten, sich in ungehörigem Ausmaß weltlichem Reichtum zu verschreiben. Wenn Stämme, die dem Islam feindselig gewesen waren, ihre Meinung änderten und sich mit den Muslimen verbündeten, dann wurde diesen bedeutet: »Wenn sie sich nun bekehren, das Gebet (*salat*) verrichten und die Almosensteuer (*zakat*) geben, sind sie eure Glaubensbrüder geworden« (9.11, vgl. 9.5). Die Bezahlung der Zakat war naheliegenderweise bei den Stämmen unbeliebt und einer der Gründe für die Kriege gegen Abtrünnige, mit denen sich Abu Bakr herumzuschlagen hatte. Der Koran weist die Zakat als gemeinsames Element der Religionen der Schrift aus (98.5) und als Bestandteil des Bündnisses Gottes mit dem Volk Israel (2.83ff.)

Das Ramadanfasten

Die Einhaltung des Fastens im Monat Ramadan fußt auf folgender Textstelle im Koran:

> *Ihr Gläubigen, Euch ist vorgeschrieben zu fasten, so wie es auch denjenigen, die vor euch lebten, vorgeschrieben worden ist. Vielleicht werdet ihr gottesfürchtig sein. (Das Fasten ist) eine bestimmte Anzahl von Tagen. Und wenn einer von euch krank ist oder sich auf einer Reise befindet, (ist ihm) eine (entsprechende) Anzahl anderer Tage (auferlegt) …*
> *(Fastenzeit ist) der Monat Ramadan, in dem der Koran als Rechtleitung für die Menschen herabgesandt worden ist, und als klare Beweise der Rechtleitung und Rettung (*furqan*). Wer nun von euch während des Monats anwesend ist, soll in ihm fasten. Und wenn einer krank ist oder sich auf einer Reise befindet, (ist ihm) eine (entsprechende) Anzahl anderer Tage (auferlegt). Gott will es euch leicht machen, nicht schwer.*

Macht darum die Zahl (der vorgeschriebenen Fastentage) voll und preiset Gott dafür, daß er euch rechtgeleitet hat! Vielleicht werdet ihr dankbar sein. **2.183-185**

Das Fasten dauert während der vierzig Tage des Monats Ramadan und besteht in der Enthaltung von Essen, Trinken, Rauchen und Geschlechtsverkehr von vor Sonnenaufgang bis nach Sonnenuntergang, während dieselben Handlungen in der Nacht erlaubt sind. Die Rechtsgelehrten entwickelten auf der Grundlage des folgenden Verses zahlreiche genaue Regeln:

Es ist euch erlaubt, zur Fastenzeit bei Nacht mit euren Frauen Umgang zu pflegen. Sie sind für euch, und ihr für sie eine Bekleidung. Gott weiß, daß ihr euch (in dieser Sache immer wieder) selber betrogen habt. Und nun hat er sich euch (gnädig) wieder zugewandt und euch verziehen. Von jetzt ab berührt sie und geht dem nach, was Gott euch bestimmt hat, und eßt und trinkt, bis ihr in der Morgendämmerung einen weißen von einem schwarzen Faden unterscheiden könnt! Hierauf haltet das Fasten durch bis zur Nacht! Und berührt sie nicht, während ihr an den Kultstätten verweilt. **2.187**

Die Pilgerreise

Der *haddsch* oder die eigentliche Pilgerreise wird manchmal auch die Große Pilgerreise genannt, um sie von der ^{c}*umra* oder der Kleinen Pilgerreise zu unterscheiden, die im Grunde ein Teil der Großen Pilgerreise ist und in Mekka selbst stattfindet, wiewohl sie auch gesondert zu jeder Zeit vollzogen werden kann, wie dies Muhammad und seine Anhänger im Jahr 629 taten. Jeder erwachsene Muslim sollte zumindest einmal in seinem Leben den Haddsch unternommen haben, sofern er es sich leisten kann. Eine Person, welche die Pilgerreise hinter sich gebracht hat, wird *haddschi* genannt. Während der Pilgerreise werden zwei einfache weiße Gewänder – der sogenannte *ihram* – getragen, was bedeutet, daß diese Person sich im Zustand der Reinheit befindet. In Mekka wird die Ka^{c}ba siebenmal umgangen, die Salat mit zwei Zyklen vollzogen und siebenmal die Strecke zwischen Safa und Marwa hin- und hergegangen. Das ist die *ᶜumra*. Um den Haddsch zu vollziehen, zieht man danach nach Arafat, vierundzwanzig Kilometer östlich von Mekka gelegen, wo von Mittag bis zum Sonnenuntergang ausgeharrt wird. Auf dem Rückweg nach Mekka werden die Zeremonien von Muzdalifa und Mina abgehalten, wozu auch die sogenannte Steinigung des Teufels gehört und die Opferung eines Tieres. Alle diese Zeremonien ziehen sich über mehrere Tage hin, üblicherweise vom achten bis zum zehnten Tag des für die Pilgerreise vorgeschriebenen Monats *Dhu-l-hiddscha*.

Der Haddsch schloß eine Anzahl heidnischer Zeremonien ein, denen er monotheistische Bedeutung verlieh. In vorislamischer Zeit fand die Pilgerreise stets zur gleichen Jahreszeit statt; dafür schob man etwa jedes dritte Jahr einen Monat ein, um den Mondkalender mit den solaren Jahreszeiten in Übereinstimmung zu halten. Der Pilgermonat sowie der ihm vorhergehende und der folgende galten als heilige Monate, in denen alle Stammesfehden ruhten. Nach der Hidschra unternahm Muhammad selbst den Haddsch nur ein einziges Mal im Jahr 632, kurz vor seinem Tod, und dieses Vorbild setzte die wichtigsten Punkte der islamischen Pilgerreise fest. Zu diesem Anlaß wurde im Koran von der Praxis des dazwischengeschobenen Monats abgegangen:

> *Zwölf gilt bei Gott als die Zahl der Monate. (So ist es) von Gott am Tag, da er Himmel und Erde schuf bestimmt. Davon sind vier heilig. Das ist die richtige Religion …*
> *Die Verschiebung (durch einen Schaltmonat) ist ein Übermaß an Unglauben. Diejenigen, die ungläubig sind, werden dadurch irregeführt. Sie erklären ihn in einem Jahr für profan, in einem anderen für heilig, um der Zahl dessen, was Gott (an Monaten) für heilig erklärt hat, gleichzukommen.* **9.36f.**

Der Haddsch wird an zwei Stellen (2.196f. und 22.27f.) für Muslime vorgeschrieben.

Der Dschihad

Der Dschihad wird gelegentlich als die sechste Säule des Islam bezeichnet. Häufig wurde das arabische Wort mit »heiliger Krieg« übersetzt, meint aber eigentlich »Bemühung«, »Kampf«. Die Bedeutung heiliger Krieg kommt daher, weil der Koran an mehreren Stellen (zum Beispiel 9.41) erwähnt: »... mühet euch mit eurem Vermögen und in eigener Person um Gottes willen«, was besagt, daß sie kämpfen sollten. Nachdem sich die Auswanderer in Medina niedergelassen hatten, mußten sie mit militärischen Angriffen seitens der Mekkaner rechnen, die sie zum Teil wohl auch provoziert hatten. Sie wurden aufgefordert, den Kampf aufzunehmen:

> *Kämpft um Gottes willen gegen diejenigen, die gegen euch kämpfen! Aber begeht keine Übertretung (indem ihr den Kampf auf unrechtmäßige Weise führt)!* **2.190**

> *Diejenigen, die glauben und ausgewandert sind und mit ihrem Vermögen und in eigener Person um Gottes willen sich abgemüht haben, und diejenigen, die (ihnen) Aufnahme und Beistand geleistet haben, die sind untereinander Freunde.* **8.72,74**

Anläßlich der großen Expedition nach Tabuk im Jahr 631 erwartete Muhammad die Teilnahme aller körperlich gesunden, wehrfähigen Muslime. Der Koran stellt diejenigen, die »mit ihrem Vermögen und in eigener Person um Gottes willen sich abmühen« über jene, die nicht dergleichen tun und zu Hause bleiben (4.95; 9.12f.; 24). Demnach war zu Lebzeiten Muhammads der kriegerische Dschihad gegen Feinde des Islam eine, wenn auch vielleicht nicht strenge, Pflicht und hatte weitgehend defensiven Charakter. Es war jedoch festgelegt, daß, sobald sich die Ungläubigen unterworfen und den Islam angenommen hatten, die Kämpfe eingestellt werden mußten.

Nach Muhammads Tod mochten die Expeditionen zwar noch als »Kampf um Gottes willen« bezeichnet worden sein, ihr

Ziel war nun jedoch meistens offensiv, es ging um Beute oder um territoriale islamische Eroberungen. Die Bekehrung der Heiden war nicht der Hauptzweck, und tatsächlich kam die meiste Opposition von seiten der »Leute der Schrift«, die geschützte Minderheiten wurden. Als das Kämpfen später weitgehend Sache von Berufsarmeen wurde, meinten manche frommen Muslimen, daß der gegenwärtige Kampf nur der Kleine Dschihad sei, während der Große Dschihad gegen das Böse in einem selbst geführt werde.

4. Das islamische Recht

Mit einiger Berechtigung könnte man sagen, daß im Islam der Platz der Theologie vom Gesetz und vom Recht eingenommen wird. Jene, die sich mit den intellektuellen Aspekten der Religion beschäftigen, sind Rechtsgelehrte und nicht Theologen, und im Zentrum höherer Gelehrsamkeit steht das Recht, nicht die Theologie. Mit anderen Worten: Der Islam beschäftigt sich mehr mit Orthopraxis als mit Orthodoxie. Dies ist eine Folge des unterschiedlichen Verlaufs der frühen Entwicklung von Islam und Christentum. Die ersten Christen lebten im Römischen Reich mit seinem ausgezeichnet funktionierenden Rechtssystem, und während gut 300 Jahren hatten die Christen keine politische Verantwortung zu tragen. Die ersten Muslime hingegen lebten in Mekka, Medina und anderen Gegenden Arabiens, wo das nomadische Gewohnheitsrecht am Zusammenbrechen war, weil dort neue Gemeinschaften, hauptsächlich auf kommerzieller oder landwirtschaftlicher Basis, entstanden. Seit der Hidschra waren die führenden Muslime für die Angelegenheiten einer politischen Gemeinde zuständig, weshalb sich im Koran Regeln zu Problemen aus dem praktischen Leben finden. Im Lauf der Jahrhunderte wuchsen sie zu einem umfassenden Gesetzessystem sowohl des öffentlichen und privaten Rechts als auch der Vorschriften für die Glaubenspraxis an.

Dieses Kapitel wird sich ausschließlich mit dem Recht des sunnitischen Islam beschäftigen. Auch die verschiedenen schiitischen Gruppen hatten ihre Gesetze, dennoch war das formale Recht für sie von geringerer Bedeutung, da ihr Imam die Macht hatte, vorangegangene Entscheidungen umzustoßen. Deshalb gibt es bei den Schiiten im Vergleich zu den Sunniten keinen großen Gesetzeskorpus und wenig Rechtsdenken (vgl. dazu Noel J. Coulson, *A History of Islamic Law*, S. 103-19).

Die Entwicklung des islamischen Rechts

Das islamische Recht, bekannt unter dem Namen Schari^{c}a, deckt alle Aspekte des menschlichen Lebens ab, alle rechtlichen, moralischen und rituellen Belange, selbst die Hygiene. Am Anfang handelten die Muslime in Übereinstimmung mit ihren althergebrachten arabischen Bräuchen, die Entstehung der politisch-religiösen Gemeinde in Medina brachte jedoch neue Probleme mit sich, zu deren Bewältigung der Koran im Lauf der Zeit eine Reihe von Vorschriften aufstellte. Damit konnten jedoch nicht alle Probleme erfaßt werden, so daß sie in dem Jahrhundert nach Muhammad mit Hinweisen auf dessen Sunna, die gängige Praxis, ergänzt wurden. Sie bezogen sich auf Tausende von Anekdoten und Geschichten über das, was er gesagt und getan hatte. Das gebräuchliche Wort für eine solche Anekdote ist *hadith*, es werden aber auch andere Begriffe dafür gebraucht. Bis vor kurzem wurde Hadith mit »Tradition« übersetzt, Wissenschaftler fanden diesen Begriff jedoch zu vieldeutig und ließen es schließlich mit der Transliteration des arabischen Wortes bewenden.

Das Studium der Schari^{c}a ist der *fiqh*, »Gesetzeswissenschaft«, diejenigen, die sie ausüben, die *fuqaha'*, die »Juristen«. Ein weiteres gebräuchliches Wort ist ^{c}*ulama'*, was wörtlich »diejenigen, die wissen« bedeutet, meistens jedoch mit »Gelehrter« oder »Rechtsgelehrter« übersetzt wird. In der Zeit kurz nach Muhammads Tod pflegten fromme Männer sich in der Moschee zusammenzusetzen und diejenigen um sich zu versammeln, die daran interessiert waren, koranische Vorschriften auszulegen und ähnliche Dinge zu diskutieren. Allmählich entwickelten sich diese Gruppen zu richtigen Schulen, welche die *fuqaha'* und ^{c}*ulama'* hervorbrachten. Schließlich entstanden vier anerkannte, leicht voneinander abweichende Schulen oder Riten. Der Begriff »Riten« weist darauf hin, daß die Schulen sich nicht ausschließlich mit Rechtstheorie befaßten. Jeder Muslim mußte einem der vier Riten angehören, und bestimmte Angelegenheiten wie die Verfügung über Eigentum nach dem Tod hatten in Übereinstimmung mit den Vorschriften des jeweiligen Ritus zu geschehen.

Von den vier anerkannten Schulen wurde in Medina überwiegend die Lehre einer der führenden Persönlichkeiten, Malik ibn Anas (gest. 796), übernommen; nach ihm ist die malikitische Rechtsschule benannt. In Kufa gab es eine wichtige rivalisierende Schule, die weitgehend von asch-Schaibani (gest. 804) geprägt war, der jedoch darauf bestand, ihr den Namen seines Lehrers Abu Hanifa (gest. 767) zu geben. Sie wurde als hanafitische Rechtsschule bekannt. Der dritte Ritus ist die schafiitische Rechtsschule, benannt nach asch-Schafi^{c}i (gest. 820), der in verschiedenen Zentren wirkte und dessen große Errungenschaft die Einrichtung der neuen Disziplin des *usul al-fiqh* war, »der Quellen oder Wurzeln der Rechtswissenschaft«. Die vierte Rechtsschule ist die hanbalitische, die ihren Namen von Ahmad ibn Hanbal (gest. 855) erhielt, der hauptsächlich in Bagdad lebte und eine bedeutende Rolle als Oppositioneller gegen die Inquisition von al-Ma'mun spielte. Diese Schule nahm in der Theologie eine eigene antirationalistische Haltung ein. Es gab noch einige unbedeutendere Schulen, die aber bald verschwanden.

Weil das Rechtssystem weitgehend auf der Sunna des Propheten beruhte, zogen die Rechtsgelehrten oft Hadithe heran. Mit der Zeit merkten sie, daß es sehr einfach war, Hadithe zu erfinden, und sie unternahmen Schritte, um sicherzugehen, daß die Hadithe zuverlässig waren. Dem lag die Vorstellung zugrunde, daß der Text (*matn*) eines Hadith eine »Unterstützung« (*isnad*) haben sollte. Diese bestand aus einer Auflistung von Personen, die den Text verbal übermittelt hatten, zum Beispiel: »Ich (die schreibende Person) habe von A gehört, daß er einst B sagen hörte, C habe berichtet, Muhammad habe gesagt ...« In dieser Auflistung mußten A, B und C anerkannt verläßliche und vertrauenswürdige Personen sein. Für diesen Zweck wurden genaue biographische Wörterbücher ausgearbeitet. Genügten die Übermittler allen Ansprüchen, galt der Hadith als gesichert. Es wurden schließlich Sammlungen von mehreren tausend gesicherten Hadithen zusammengestellt, wovon sechs gewissermaßen kanonischen Rang erhielten, von denen wiederum die bekanntesten und wichtigsten diejenigen von al-Buchari (gest. 870) und Muslim (gest. 875) sind.

Nach asch-Schafi^{c}is Theorie gibt es vier Quellen der Rechtssprechung. Die erste war selbstverständlich der Koran mit allen seinen Vorschriften, vorausgesetzt, sie waren nicht vom Koran selbst außer Kraft gesetzt. Die zweite Quelle war die Sunna oder Praxis des Propheten, wie sie aus den gesicherten Hadithen bekannt waren. Diese zwei Quellen deckten jedoch noch lange nicht alle Erfordernisse einer großen Gemeinde ab und mußten dementsprechend durch zwei weitere ergänzt werden. Eine davon war *qiyas*, die Analogie oder der Analogieschluß, was bedeutet, daß eine Angelegenheit, für die es keine genaue Vorschrift gab, im Einklang mit der Vorschrift für eine vergleichbare Sache zu behandeln war. Schließlich mußten gewisse Dinge mit Hilfe der *idschma^{c}* oder Übereinstimmung behandelt werden. Frühe Rechtsgelehrte gingen dabei von der Übereinstimmung der Gelehrten zum Beispiel in Medina aus, aber asch-Schafi^{c}i bestand auf dem Konsens der Gemeinschaft aller Muslime. Für asch-Schafi^{c}i selbst war die *idschma^{c}* eine untergeordnete Quelle des Rechts, für spätere Rechtsgelehrte jedoch gewann sie größere Bedeutung, und in einem gewissen Sinn mußte alles und jedes durch Konsens der gesamten Gemeinde bestätigt werden. Die anderen Rechtsschulen übernahmen zu einem Großteil die Formulierungen asch-Schafi^{c}is, bis auf die Hanbaliten, welche die Quellen des Rechts auf den Koran und die Sunna zu beschränken versuchten.

Ein in juristischen Diskussionen häufig anzutreffendes Wort ist *idschtihad*. Es stammt von der gleichen Wurzel wie *dschihad*, und seine Grundbedeutung ist »Anstrengung«. Es nahm jedoch die spezielle Bedeutung der Fähigkeit eines qualifizierten Rechtsgelehrten zum unabhängigen Urteil in einer Rechtsangelegenheit an. Von den Gründern der Rechtsschulen war dies nicht vorgesehen. Im frühen zehnten Jahrhundert kam man allerdings zu der Ansicht, daß die Tore des *idschtihad* geschlossen waren, was bedeutete, daß keine weiteren Versuche unternommen wurden, eine besondere Schule zu gründen. Als sich im 19. und 20. Jahrhundert neue Fragen und Probleme einstellten, kamen Diskussionen auf, ob die Tore des *idschtihad* wieder geöffnet werden sollten. Die Konservativen waren dagegen, während die Liberalen, gestützt durch den Druck der Ereignisse, darauf bestanden; und so geschah es dann auch.

Einige besondere Gebiete des Rechts

Das islamische Recht ist ein weites Feld, doch soll hier ein allgemeiner Überblick über einige besondere Gebiete genügen.

Heirat

Allgemein bekannt ist, daß ein muslimischer Mann vier Frauen haben kann; weniger bekannt, daß in der Zeit, als es noch Sklaven gab, er so viele Sklavinnen als Konkubinen haben konnte, wie er wollte. Diese Tatsache verschafft nun allerdings kaum eine Vorstellung von den Verbesserungen, die der Islam hinsichtlich der damals bestehenden Heiratspraktiken auf der arabischen Halbinsel mit sich brachte. Eine Überprüfung der Dokumente zeigt, daß zur Zeit, als Muhammad anfing, Offenbarungen zu empfangen, matrilineare Verwandtschaft weit verbreitet war. Das heißt, daß nur den Vorfahren der Frauenseite einer Verwandtschaftsgruppe Bedeutung zukam, während die Vorfahren der Männerseite keine Rolle spielten und oft vielleicht sogar unbekannt waren. Die matrilineare Verwandtschaft war jedoch kein Matriarchat oder eine Herrschaft der Frauen. Es scheint sich um erweiterte Familien gehandelt zu haben, die matrilinear verwandt waren, die Kontrolle über eine solche Haushaltsgruppe blieb jedoch in der Hand eines Bruders der ältesten Frau.

Matrilineare Verwandtschaft war mit Polyandrie, Vielmännerei, verbunden, bei der eine Frau mehrere Männer hatte. Diese lebten nicht im Haushalt der Frau, sondern erschienen »besuchsweise«, meist wohl nur für kurze Zeit. Normalerweise hatte eine Frau wenige Partner, doch war ein gelegentliches Absinken in die Prostitution wahrscheinlich unvermeidlich. Es gibt Erzählungen, daß die Mutter nach der Geburt eines Kindes, ihre Partner zusammenrief, auf einen von ihnen zeigte und sagte: »Das ist dein Kind.« Doch dies geschah vermutlich erst im Zuge des Übergangs von matrilinearer zu patrilinearer Verwandtschaft.

Eine der Erscheinungen im Arabien des 7. Jahrhunderts war der Niedergang des Stammeswesens und das Aufkommen eines gewissen Individualismus. Insbesondere in Mekka war dies der Fall, wo der Prozeß durch das Aufblühen des Handels begünstigt wurde. Wir haben bereits erwähnt, auf welche Weise wichtige Händler Partnerschaften mit Angehörigen fremder Sippen eingingen. Solche Personen waren darauf bedacht, daß der erworbene Reichtum nach ihrem Tod von ihren eigenen Söhnen und nicht von den Söhnen ihrer Schwestern geerbt wurde.

Die neue Religion des Islam vertrat die Vorstellung, daß eine Frau nur Verkehr mit einem Mann haben sollte. Im Koran scheint es diesbezüglich zwar keine Vorschrift zu geben, aber er verlangt, daß eine (wahrscheinlich von ihrem einen Mann) geschiedene Frau drei Perioden abwarte, bevor sie sich wieder neu verheiratet (2.228). Dadurch sollte die Vaterschaft eines jeden Kindes gesichert sein.

Eine weitere Veränderung unter dem Islam bestand in der Ablösung des matrilinearen Haushalts durch einen sogenannten virilokalen, das heißt, durch einen, der aus einem Mann, seiner Frau oder seinen Frauen und seinen Abkömmlingen besteht. Muhammad gab das Beispiel: Er hatte ein eigenes Haus in Medina, und als er sich weitere Frauen nahm, bekam jede ihr eigenes Haus im Hof. Wahrscheinlich hatten auch andere muslimische Männer, vor allem diejenigen aus Mekka, eigene Häuser. Dies ist der Hintergrund, auf dem der Hauptvers über Heirat verstanden werden muß: »Und wenn ihr fürchtet, in Sachen der Waisen nicht recht zu tun, dann heiratet, was euch an Frauen beliebt, zwei, drei oder vier. Wenn ihr aber fürchtet, (so viele) nicht gerecht zu behandeln, dann nur eine, oder was ihr (an Sklavinnen) besitzt« (4.3).

Dieser Vers wurde angeblich kurz nach der Schlacht von Uhud offenbart, in der über 70 Muslime getötet worden waren. Die Vorschrift, daß ein Muslim nicht mehr als vier Frauen haben sollte, wurde von den Rechtsgelehrten daraus abgeleitet. Der Vers selbst jedoch enthält keinen Hinweis auf eine Beschränkung der bis dahin größeren Anzahl von Ehefrauen, sondern fordert Männer auf, mehr Frauen zu nehmen. Dies könnte sicherstellen, daß von den muslimischen Männern für die Witwen der Getöteten gesorgt würde und diese nicht zur Polyandrie zurückkehrten. Wir wissen nicht, wie viele solcher Frauen auf einen Partner kamen; vermutlich waren es aber viele.

An einem Ort wie Medina konnte die althergebrachte Sitte der Polyandrie nicht auf einmal zum Verschwinden gebracht werden. Es gibt viele Verse im Koran, die sich mit diesem Problem beschäftigen, ihre Interpretation ist jedoch mitunter schwierig, zumal spätere Kommentatoren, die mit der aktuellen Situation in der Zeit der Offenbarung des Korans in keiner Weise vertraut waren, hier keine Hilfe sind. Ein wichtiger Vers ist 4.24. Er beginnt mit der Aussage, daß Männer keine *muhsanat* (oder *muhsinat*) heiraten sollen. Dieses Wort wird normalerweise mit »verheirateten« oder »ehrbaren Frauen« übersetzt, bezeichnete wahrscheinlich aber Frauen, die sich mit einem Mann begnügten. Weiter unten im Vers heißt es, daß muslimische Männer auch andere Frauen als Ehefrauen nehmen können, diese jedoch *muhsinin* und nicht *musafihin* sein müssen. Diese Begriffe werden mit »ehrbarer Ehestand, nicht Ausschweifung« übersetzt. Der grammatischen Form nach sind sie zwar männlich, betreffen vermutlich jedoch beide Geschlechter, nämlich, daß Männer keinen Verkehr mit polyandrischen Frauen haben und daß Frauen sich auf einen Partner beschränken sollen. Dies bedeutet offenbar, daß Vielmännerei zu jener Zeit in einem gewissen Umfang noch immer praktiziert wurde und daß die arabischen Worte, die mit »heiraten« und »Heirat« übersetzt werden, sich auch auf solche Verbindungen beziehen können. Dies scheint auch durch einen anderen Vers bestätigt zu werden: »Schlechte Frauen gehören zu schlechten Männern, und schlechte Männer zu schlechten Frauen« (24.26). Das Wort »schlecht« meint hier vermutlich jene Frauen, die Vielmännerei betreiben, die deshalb in einer Art Ghetto leben und vom Rest der Gemeinde abgetrennt sind. Es bestand ein starker Druck gegen Polyandrie, die deshalb innerhalb weniger Generationen ausstarb.

Dies sind die Hauptpunkte der Reform der Heiratssitten im Koran. Verschiedene andere Belange werden ebenfalls darin behandelt, wie zum Beispiel die Inzestverbote (nahe Verwandte dürfen nicht heiraten) sowie Brautgeld und Mitgift.

Sicherheit für Leib und Leben

Hinsichtlich der Sicherheit für das Lebens hat der Koran nichts Neues eingeführt. Das bestehende System beruhte auf Vergeltung, der *lex talionis*, wie sie im biblischen Wort »Leben um Leben, Auge um Auge, Zahn um Zahn ...« (Deuteronomium 19.21) zum Ausdruck kommt. Menschen von heute mag diese Praxis barbarisch vorkommen, tatsächlich jedoch handelt es sich um eine effektive Art, in frühen Gesellschaftsformen, wo es keine starke Zentralmacht mit Polizeifunktionen gab, ein hohes Maß an Sicherheit zu gewährleisten. Im vorislamischen Arabien bedeutete dies, daß, wenn jemand getötet wurde, sein nächster Verwandter oder ein anderer Angehöriger seiner sozialen Gruppe verpflichtet war, entweder den Mörder oder ein anderes Mitglied von dessen sozialer Gruppe zu töten. Dem liegt die Überlegung der Gemeinschaftsverantwortung zugrunde, durch die die Mitglieder der eigenen Familie, Sippe oder des Stamms angesichts drohender Vergeltungsmaßnahmen davon abgehalten werden sollen, jemandem das Leben zu nehmen. Das mosaische Gesetz ließ diese gängige Auffassung gelten, trachtete aber danach, bei unbeabsichtigter Tötung Zufluchtstätten vor Vergeltung einzurichten.

Das in Arabien praktizierte System funktionierte bis zu einem gewissen Punkt, brach allerdings auch bisweilen ein. Es gibt einen bekannten Fall, bei dem ein mächtiger Stammeschef getötet worden war, sein Stamm nach der Tötung eines jungen Manns des anderen Stammes jedoch behauptete, dies sei nicht genug und wiege den Tod des Häuptlings nicht auf. Das Ergebnis war ein vierjähriger Krieg. Ein weiterer Schwachpunkt in der Vergeltung von Leben um Leben lag darin, daß die Verwandten des zweiten Opfers ihrerseits wieder Rache nehmen wollten, besonders wenn er nicht der ursprüngliche Mörder war.

Eine wichtige Errungenschaft des Islam bestand darin, die Gemeinschaft der Gläubigen als einen einzigen großen Stamm zu betrachten. Deshalb wurde eine Person, die einen anderen Muslim ungerechtfertigterweise tötete, von der ganzen Gemeinde verstoßen. Ein Artikel der Gemeindeordnung von Medina besagt, daß, wenn ein gläubiger Muslim von einem anderen Glaubensbruder getötet wurde, »die Gläubigen gesamthaft gegen (den Mörder) sind, und nichts erlaubt ist, als ihn zu bekämpfen« (§ 21; vgl. § 13; siehe auch mein Buch, *Muhammad at Medina*, S. 266). In der islamischen Gemeinde mußte man indes zur Kenntnis nehmen, daß es weiterhin kleinere soziale Gruppen gab, die einander feindlich gesinnt waren. Der Koran führte daher besondere Bestimmungen für Vergeltung zwischen Muslimen ein:

> *Ihr Gläubigen! Bei Totschlag ist euch die Wiedervergeltung vorgeschrieben: Ein Freier für einen Freien, ein Sklave für einen Sklaven und ein weibliches Wesen für ein weibliches Wesen. Und wenn einem (der einen Totschlag begangen hat) von seiten seines Bruders etwas nachgelassen wird, soll die Beitreibung auf rechtliche und die Bezahlung an ihn auf ordentliche Weise vollzogen werden. Das ist eine Erleichterung und Barmherzigkeit von seiten eures Herrn.* **2.178; vgl. 5.45; 16.126; 42.40**

Es ist ein komplexer Vers und manche Stellen sind schwierig zu übersetzen, dennoch scheinen einige Punkte klar zu sein. Zum Teil ist es eine Aufforderung an die Muslime, Blutgeld anstelle des Lebens eines anderen als Vergeltung zu akzeptieren, wenn jemand getötet wurde. Zu Lebzeiten Muhammads scheint der Blutpreis für einen erwachsenen Mann auf hundert Kamele oder den Gegenwert in Geld gestiegen zu sein. Das ist eine beträchtliche Summe und mag die Gruppe des Opfers bewogen haben, auf Blutrache zu verzichten. Konservative und Traditionalisten höhnten, daß jene, die Blutgeld annehmen, sich mit Milch statt mit Blut zufrieden geben. Einige Verse, die sich mit Vergeltung befassen, betonen, daß sie nicht über die zu rächende Handlung hinausgehen sollte, und ein Vers (17.33) warnt vor Übertreibungen.

Der Koran trifft auch Vorkehrungen für nicht vorsätzliche Tötung: »Kein Gläubiger darf einen Gläubigen töten, es sei denn aus Versehen. In diesem Fall ist ein gläubiger Sklave in Freiheit zu setzen und Wergeld (zu bezahlen), das seinen Angehörigen auszuliefern ist« (4.92). Es gibt dabei Variationen, je nach dem, ob der Gläubige zu einer Gruppe gehört, die dem Islam feindlich gesonnen ist oder zu einer, die mit ihr in einem Vertragsverhältnis steht. Die Befreiung eines gläubigen Sklaven diente womöglich dazu, die Anzahl gläubiger freier Männer zu erhalten.

Die letzten Worte des weiter oben zitierten Verses (2.178) lauten: »Wenn nun aber einer nach diesem eine Übertretung begeht, hat er eine schmerzhafte Strafe zu erwarten.« Das Wort »Übertretung begehen« ist nicht ganz klar, meint aber wahrscheinlich, Vergeltung für etwas üben, was an sich schon eine Vergeltung war, das heißt, sich an die frühere Sitte der Blutfehde aus vorislamischer Zeit zu halten. Was auch immer die genaue Bedeutung dieses Verses sein mag, so untersagte Muhammad mit Gewißheit solche Handlungen und bestand darauf, daß der Friede zwischen den beiden beteiligten Gruppen wiederhergestellt wurde, wenn die Rache nicht größer als das Verbrechen war. Er verfügte über genügend Autorität, um dieses Prinzip durchzusetzen. Die Kompensation durch Leistung des Blutgeldes verringerte zweifelsohne die Gefahr der anhaltenden Blutfehde.

So gering die durch den Koran und Muhammad herbeigeführten Veränderungen auch scheinen mögen, so schufen sie für den im Entstehen begriffenen islamischen Staat doch ein System sozialer Sicherheit, die seine Entwicklung zu einem Reich ermöglichte.

Die Verfügung, daß einem Dieb, ob weiblich oder männlich, die Hand abgehackt werde (5.38), sollte das Eigentum schützen. Diese doch recht schwere Bestrafung muß im Zusammenhang mit der Vorstellung von der gemeinschaftlichen Verantwortung der Gruppe verstanden werden. Da der Dieb nicht mehr voll arbeitsfähig war, mußte ihn die Gruppe unterhalten. In der modernen Gesellschaft bedeutet dies allerdings, der ganzen Gemeinschaft eine Last aufzubürden.

Erbschaft

Das Problem der Erbschaft stellte sich im frühen Islam durch den Übergang von der Gütergemeinschaft, insbesondere dem matrilinearen Kommunalismus von Medina, zum Individualismus. So seltsam es anmutet, konnte eine Frau in dieser Gesellschaft kein Eigentum besitzen, das sie selbst verwaltete; es mußte von einem männlichen Verwandten der Frauenseite für sie verwaltet werden. Wahrscheinlich war der meiste Besitz Gemeineigentum der matrilinearen Haushaltsgruppe. Im Zuge eines sich entfaltenden Individualismus sowohl in Medina als auch in der mehr patrilinear organisierten Gesellschaft von Mekka sicherten sich mächtige Individuen mehr Eigentum, als ihnen eigentlich zustand. Dies war die Situation, mit welcher der Koran fertig zu werden versuchte.

Nach der Darlegung der Grundzüge für eine gerechte Behandlung der Waisen folgt eine lange Passage mit genauen Erbregelungen. Es scheint angebracht, den ersten Abschnitt hier zu zitieren:

> *Gott verordnet euch hinsichtlich eurer Kinder: Auf eines männlichen Geschlechts kommt (bei der Erbteilung) gleichviel wie auf zwei weiblichen Geschlechts. Wenn es Frauen sind, mehr als zwei, stehen ihnen zwei Drittel der Hinterlassenschaft zu; wenn es eine ist, die Hälfte. Und den beiden Eltern steht jedem ein Sechstel der Hinterlassenschaft zu, wenn der Erblasser ein Kind hat. Wenn er jedoch kinderlos ist und seine Eltern ihn beerben, steht seiner Mutter ein Drittel zu. Und wenn er (auch noch) Brüder hat, steht seiner Mutter ein Sechstel zu. (Das alles) nach (Berücksichtigung) einer von ihm getroffenen testamentarischen Verfügung oder einer Schuld.* **4.11**

Der Text fährt danach mit der Aufzählung von Regelungen für eine Anzahl anderer Möglichkeiten fort, wie etwa der Teilung des Eigentums verstorbener Ehefrauen. Spätere Rechtsgelehrte verbrachten ihre Zeit damit, herauszutüfteln, wie diese Regelungen in allen möglichen und unmöglichen Fällen anzuwenden seien. Zu Muhammads Zeiten führten sie indes gewiß zu einer gerechteren Verteilung des Besitzes der Gemeinde. Das Recht einer Frau auf Eigentum wurde anerkannt, in den meisten, wenn auch nicht allen Fällen war ihr Anteil jedoch nur die Hälfte des Anteils des Mannes.

Speisevorschriften

Nach dem Wechsel von Mekka nach Medina wurden die Muslime gewahr, daß die Juden gewisse Speisevorschriften beachteten. Weil sie wahrscheinlich immer noch die Hoffnung hatten, die Juden würden Muhammad als Propheten anerkennen, wurde ein Vers offenbart, der besagte, daß jüdische Speise den Muslimen erlaubt sei und deren Speisen den Juden (5.3). Dennoch fanden sie die jüdischen Beschränkungen offenbar lästig, als sie diese näher kennenlernten, und ein anderer Vers spricht davon, daß sie den Juden als Bestrafung für Vergehen auferlegt worden seien (4.160). Ein weiterer, vermutlich noch späterer Vers zählt im einzelnen auf, was für Muslime verboten sei, nämlich »Fleisch von verendeten Tieren, Blut, Schweinefleisch und Fleisch, worüber ein anderes Wesen als Gott angerufen worden ist, und was erstickt, geschlagen, gestürzt oder gestoßen ist, und was ein wildes Tier geschlagen hat« (5.3), es sei denn, das Tier wird lebendig gefunden und nach erlaubter Art getötet. Die richtige Methode des Schlachtens wird im Koran nicht explizit erwähnt, besteht jedoch darin, die Kehle des Tieres zu durchschneiden und das Blut auslaufen zu lassen.

Der Islam verbietet auch alle Arten alkoholischer Getränke. Dieses Verbot gründet auf verschiedenen Koranversen, insbesondere 5.90, der das Trinken von *chamr* strikt untersagt. Dabei handelt es sich eigentlich um vergorenen Traubensaft, doch nach dem Prinzip des Analogieschlusses wurde das Verbot schließlich auf alle alkoholischen Getränke ausgedehnt. In einem früheren Vers (2.219) gilt das Verbot von Wein nicht absolut, es wird sogar gesagt, daß der Wein für die Menschen auch von Nutzen sei. Wein wird auch als eine der paradiesischen Freuden erwähnt. Es gibt Berichte über Trunkenheit unter Muhammads Gefährten, was zweifelsohne mit einer der Gründe für das Verbot war. Dazu kommen vermutlich noch weitere wie die Tatsache, daß Wein aus feindlichen Ländern importiert wurde oder in Verbindung mit heidnischen Ritualen auftaucht.

Zins und Wucher

Das Zinsverbot hat etwas mit Muhammads Beziehungen zu den Juden in Medina zu tun. Lange Zeit betrachtete er sie als Glaubensgefährten, doch als er sie dazu aufforderte, wie die Muslime Beiträge zu leisten, sollen sie gesagt haben, sie gäben nur Darlehen gegen Zinsen. Ein Aspekt der Vergehen der Juden, für die sie von Gott mit Speiseverboten bestraft wurden, war, daß sie »Zins nahmen, wo es ihnen doch verboten war« (4.161). Dies wurde vermutlich so aufgefaßt, daß die Juden die Muslime als Glaubensgefährten hätten akzeptieren sollen anstatt Zinsen zu verlangen. Der Koran warnt auch die Muslime davor, Zinsen zu nehmen und droht Wucherern mit den Qualen der Hölle (2.275-281; 3.130; 30.39f.). In jüngerer Zeit wurde dies als striktes Verbot, Zinsen auf Darlehen zu nehmen, verstanden. Für Muhammads Zeiten, den frühen Islam, kann man mit Sicherheit davon ausgehen, daß nichts unternommen wurde, was die normalen kaufmännischen Unternehmen von Mekka behinderte.

Sklaverei

Der frühe Islam akzeptierte die Sklaverei in der Form, wie sie in Arabien zu jener Zeit bestand. Häufig waren Sklaven Angehörige anderer Stämme, die bei Kämpfen in Gefangenschaft geraten waren und später an weit entfernte Stämme verkauft wurden, von wo sie wenig Chancen hatten, zu entkommen. Auch gefangene Frauen und Kinder konnten verkauft werden, und männliche Sklaven waren oft von Kindheit an versklavt. Nachdem, wie schon erwähnt, der jüdische Stamm der Quraiza sich den Muslimen ergeben hatte, wurden deren Frauen und Kinder in die Sklaverei verkauft. Der Koran betont, daß Sklaven freundlich behandelt werden müssen (4.36), und die Freilassung von

Sklaven, besonders von muslimischen Sklaven, wurde als frommer Akt betrachtet (24.33). Von Abu Bakr wird berichtet, er habe mehrere Sklaven gekauft und vor der Hidschra freigelassen. Sklaven konnten Eigentum besitzen; das bedeutete, daß sie in manchen Fällen auch Geld verdienen konnten, mit dem sie sich freikauften.

Herrschaft und Verwaltung

Der Koran sagt beinahe nichts über die Herrschaft im islamischen Staat. In der Gemeindeordnung von Medina war Muhammad, obwohl man ihn als Propheten anerkannte und er für die Schlichtung von Streitigkeiten zuständig war, nur eines von neun Sippenoberhäuptern. Der Koran besagt, daß ein Fünftel der Beute aus Raubzügen ihm übergeben werden mußte (8.1, 41). Mit seinen Erfolgen gegen Mekka wuchs seine Macht allmählich, und in seinen letzten Lebensjahren gab es nur noch wenig Widerstand gegen seine Entscheidungen. Ein Großteil dieser autokratischen Macht wurde von den Kalifen mit Einverständnis der Gemeinde übernommen. Nach arabischer Sitte beriet sich der Häuptling normalerweise mit den führenden Männern seines Stamms, und es scheint, daß im Kalifat davon noch etwas übriggeblieben war. Obwohl muslimische Herrscher im großen und ganzen dazu neigten, autokratisch zu regieren, weil es eben keine Vorschriften zur Regierung gab, ist es einigen modernen islamischen Staaten gelungen, eine Form der Demokratie herzustellen. Wenn es allerdings um die parlamentarische Gesetzgebung geht, fordern konservative Rechtsgelehrte für sich das Recht, zu entscheiden, ob die Gesetze in Übereinstimmung mit der Schari^ca stehen; Politiker gestehen ihnen dieses Recht jedoch nur ungern zu.

5. Islamische Theologie

Obwohl Theologie nach gängiger muslimischer Ansicht der Jurisprudenz untergeordnet war, gab es mit der Zeit doch eine Menge Gelehrter, die sich intensiv mit der Auslegung der intellektuellen Seite des islamischen Glaubens, das heißt der Theologie, befaßten. Die Entwicklung der Theologie im Islam unterschied sich jedoch von der des Christentums, weil der Islam von Anfang an sowohl eine politische als auch eine religiöse Gemeinde darstellte. Das hatte zur Folge, daß die ersten theologischen Abhandlungen politische Erörterungen enthielten. Wie schon erwähnt, war die Frage, ob der Koran geschaffen oder ungeschaffen sei, eine zutiefst politische Frage.

Die frühen Sekten

Das erste Auftauchen von Sekten wird üblicherweise mit dem Jahr 656 im Irak in einem vom Kalifen ^{c}Ali geführten Heer angesetzt. Dieses Heer hatte kurz zuvor die Truppen jener mekkanischen Gruppe geschlagen, die gegen ein Kalifat ^{c}Alis war, und stand im Begriff, gegen dessen Rivalen Mu^{c}awia zu marschieren. Ein Teil der Männer trennte sich von ^{c}Ali und verließ das Heer (*charadschu*), weil sie mit seinen Entscheidungen nicht einverstanden waren. Sie werden als die ersten Charidschiten oder die *chawaridsch* (Singular *charidschi*) bezeichnet, die während der Umaiyadenherrschaft immer mehr Zulauf fanden und viele Untergruppen bildeten. ^{c}Ali ging auf die Beschwerden der ersten Gruppe ein, so daß diese wieder in sein Heer zurückkehrte. Kurz darauf verließ jedoch eine zweite Gruppe mit ähnlichen Beschwerden das Heer und versagte sich jedem Versöhnungsversuch; diese Charidschiten wurden schließlich umgebracht. Es gab in ^{c}Alis Heer mithin eine Trennung zwischen denen, die ihn kritisierten und denen, die ihn ohne Wenn und Aber unterstützten. Daneben gab es sicherlich auch solche mit weniger festen Überzeugungen. Beginnen wir mit den Gefolgsleuten ^{c}Alis.

Diejenigen, die ^{c}Ali vorbehaltlos unterstützten, pflegten sich offenbar als »Partei«, Schi^{c}a, zu bezeichnen, und dies wurde auch der Name der Sekte, als diese festere Form anzunehmen begann. Daher auch das Adjektiv schiitisch. Schon früh gab es Leute, die der Meinung waren, daß ^{c}Ali unmittelbarer Nachfolger Muhammads hätte werden sollen. Wer diese Ansicht teilte, wollte wahrscheinlich einen charismatischen Führer. Der Wechsel vom ehemaligen nomadischen Leben in der arabischen Wüste zu einem Leben als Angehöriger eines muslimischen Heeres in Garnisonsstädten muß einige Unruhe ausgelöst haben. Ein bedeutender Teil derer, die Schiiten wurden, kamen aus südarabischen Stämmen, und in Südarabien gab es über Jahrhunderte eine Tradition von Königsherrschaften, die divinatorischen Charakter hatten. Dies mag deren Nachfahren unbewußt bewogen haben, einen charismatischen Führer haben zu wollen, der mit übermenschlicher Machtvollkommenheit ausgestattet war. Es war auch natürlich, diesen Führer in Muhammads Sippe zu suchen, da die Araber fest daran glaubten, daß solche erwünschten Eigenschaften in bestimmten Sippen genealogisch weiterlebten.

Nach ^{c}Alis Tod konnten al-Hasan, ein Sohn ^{c}Alis, und Muhammads Tochter Fatima ohne große Schwierigkeiten dafür gewonnen werden, sich mit Mu^{c}awia, dem Kalifen und Begründer der Umaiyadendynastie, zu einigen. Sein Bruder al-Husain jedoch versuchte nach dem Tod Mu^{c}awias, Anspruch auf das Kalifat zu erheben, fand jedoch wenig Unterstützung und wurde mit einem kleinen Trupp von Anhängern bei Kerbala im Irak getötet – ein Ereignis, dessen noch heute von den Schiiten alljährlich gedacht wird. Als Ibn az-Zubair, der eine Rebellion gegen die Umaiyaden anführte, die Herrschaft über Arabien und Irak ausübte, organisierte im Jahr 685 ein Mann namens al-Muchtar eine schiitische Erhebung in Kufa, offenbar im Namen von Muhammad ibn al-Hanafiya, ebenfalls einem Sohn ^{c}Alis, aber nicht von Fatima. Nach zwei Jahren unterlagen die Schiiten jedoch. Ein wichtiger Punkt ist, daß al-Muchtar starke Unterstützung von »Klienten«, *mawali*, erhielt, das heißt von nichtarabischen Muslimen aus der aramäischen und persianisierten Bevölkerung Iraks und der umgebenden Gebiete. Die Klienten fühlten sich gegenüber den arabischen Muslimen benachteiligt und scheinen sich von da an den Schiiten angeschlossen zu haben, um ihre Stellung zu verbessern. Das abbasidische Heer, das die Umaiyaden stürzte, bestand aus einer großen Anzahl – vielleicht sogar einer Mehrheit – von Klienten, und auch der Oberbefehlshaber war ein Klient.

Nach al-Muchtars Niederlage blieben die Schiiten bis etwa in die letzte Dekade umaiyadischer Herrschaft ruhig, als wieder ein oder zwei kleinere Revolten ausbrachen. Die bedeutendste wurde von Zaid, einem Urenkel Muhammads angeführt. Es war der Ursprung der zaiditischen Form des Schiitentums, nach dem jedes Mitglied von Muhammads Sippe der Haschim Imam (wie die Schiiten den religiösen Führer der Gemeinde nennen) werden kann, vorausgesetzt, er macht seinen Anspruch öffentlich geltend und hält ihn mit Gewalt aufrecht. Obwohl Zaids Erhebung schnell niedergeschlagen wurde, gab es später noch einige kleine Gruppen, die behaupteten, ihm zu folgen, und die für eine gewisse Zeit kleine unabhängige Staaten bildeten. Die bekanntesten waren die zaiditischen Imame von San^{c}a im Jemen, die bis heute existieren. Im Gegensatz zu anderen Schiiten betrachteten die Zaiditen Abu Bakr und ^{c}Umar zwar als rechtgeleitete Herrscher, sind aber der Ansicht, daß ^{c}Ali Nachfolger Muhammads hätte sein sollen.

Die Erhebung, welche die Abbasiden an die Macht brachte, fand bei den Schiiten eine gewisse Unterstützung, da behauptet wurde, daß das Imamat von Muhammad ibn al-Hanafiya auf seinen Sohn Abu Haschim übertragen wurde, der es daraufhin auf die ganze Familie übertragen habe. Ungefähr um die Zeit des Kalifen Harun ar-Raschid wurde dieser Anspruch jedoch offiziell aufgegeben und statt dessen behauptet, daß nach dem Propheten der rechtgeleitete Imam ihr Vorfahre gewesen sei, nämlich Harun ar-Raschids Onkel al-^{c}Abbas. Unter den Umaiyaden war der islamische Staat nach wie vor der Idee der Stammesföderation verpflichtet, doch mit den Abbasiden – und der Unterstützung ihrer Klienten – verschwand dieses Modell bald.

Die frühen abbasidischen Kalifen selbst scheinen schiitischen Ideen zugeneigt gewesen zu sein, zumindest wenn diese dem Kalifen oder dem Imam autokratische Macht zugestanden. Wie bereits im zweiten Kapitel erwähnt, führte dies zu der sogenannten Inquisition von al-Ma'mun. Dabei ging es um die Problematik, daß ein geschaffener Koran nicht ewig sei und demnach von einem von Gott inspirierten Imam geändert werden könnte. Das Abrücken von der Politik der Inquisition im Jahr 850 war das Eingeständnis, daß der Kalif nicht von Gott inspiriert war, und somit wurde der islamische Staat offiziell sunnitisch.

Schiitische Quellen sprechen von einem Personenkreis, der eine Reihe von Imamen, jeder der Sohn des vorhergehenden, in der Nachfolge von al-Husain anerkannte. Der vierte, fünfte und sechste waren ^{c}Ali Zain al-Abidin (gest. etwa 714), Muhammad al-Baqir (gest. 733) und Dscha^{c}far as-Sadiq (gest. 765). Obwohl von manchen Leuten als Imame anerkannt, müssen sich diese Männer vollkommen still verhalten haben, da sie sonst von den umaiyadischen oder abbasidischen Kalifen eingesperrt oder hingerichtet worden wären. Bis zu diesem Zeitpunkt scheint die schiitische Bewegung eher formlos gewesen und Kompromisse mit verschiedenen Ansichten eingegangen zu sein.

Nach dem Tod Dscha^{c}fars 765 kam es zu einer Abspaltung. Eine Gruppe, die einen weniger zurückhaltenden Imam wollte, behauptete, Dscha^{c}far habe seinen Sohn Isma^{c}il zum Nachfolger bestimmt. Isma^{c}il starb wahrscheinlich vor Dscha^{c}far, was jedoch einige Leute der Gruppe nicht wahrhaben wollten. Wer die Tatsache anerkannte, trat dafür ein, daß Isma^{c}ils Sohn Muhammad nächster Imam werde. In aller Heimlichkeit bauten sie nach und nach eine starke Körperschaft auf und waren 909 imstande, der regierenden Dynastie in Tunesien (oder Ifriqiya) die Herrschaft zu entwinden. Die Anführer dieser Gruppierung, die als die wahren Imame in der Nachfolge Dscha^{c}fars anerkannt wurden, sind als Dynastie der Fatimiden bekannt. 969 eroberten sie Ägypten, machten Kairo zu ihrem Hauptsitz und herrschten dort bis 1171. Nach ihrer Vertreibung aus Ägypten existierten noch weitere Gruppen in Teilen Arabiens und Irans, die meisten gingen jedoch zur Zeit der großen Mongoleninvasion im 13. Jahrhundert nach Indien, wo es zu einer komplizierten Geschichte von Abspaltungen und Wiedervereinigungen kam. Heute besteht die wichtigste Gruppe aus Anhängern des Agha Khan, der als der wahre Imam in ununterbrochener Folge betrachtet wird. Die Sekte als ganze wird Ismailiten oder Isma^{c}iliya genannt, manchmal jedoch auch die Siebener oder Sab^{c}iya, weil sie sich zur Zeit des siebenten Imams von den anderen Schiiten gelöst hat.

Die Schiiten, die nicht Gefolgsleute Isma^{c}ils waren, meinten, der wahre Imam sei ein weiterer Sohn Dscha^{c}fars, Musa (gest. 799), auf den wiederum sein Sohn ^{c}Ali ar-Rida (gest. 818) folgte. Der Kalif al-Ma'mun versuchte die Unterstützung der Schiiten zu gewinnen, indem er ^{c}Ali ar-Rida zu seinem Nachfolger erklärte, der jedoch vorzeitig unter mysteriösen Umständen starb; daraufhin gab al-Ma'mun seine Politik auf. In der Folge nahm diese schiitische Bewegung klarer umrissene Züge an, und die Abbasidenkalifen wurden denen gegenüber mißtrauisch, die als die wahren Imame galten. Sie gingen aber nicht über Verhaftungen hinaus, obwohl einige Schiiten behaupten, daß alle späteren Imame von den Abbasiden umgebracht worden seien. Der elfte Imam, al-Hassan al-^{c}Askari, starb um den 1. Januar 874, Nachfolger war sein Sohn Muhammad al-Qa'im. Was daraufhin geschah, ist nicht ganz klar, doch die schiitischen Führer behaupteten, er habe sich verborgen. Damit war gemeint, daß er für gewöhnliche Muslime unerreichbar war, dennoch hatte er weiterhin einen *wakil* oder Mittler, mit dem er in Kontakt blieb, und diese Person war bekannt. Nach dem Tod des vierten Wakil um 940 wurde jedoch kein weiterer ernannt, was als Beginn der größeren Verborgenheit gedeutet wurde. Diese hält bis heute an, denn man glaubt, das Leben des Zwölften Imam sei durch ein Wunder verlängert worden und er werde zu gegebener Zeit wiedererscheinen, um die Dinge dieser Welt zu ordnen.

Diese Richtung der Schi^{c}a ist als imamitische bekannt, wegen ihrer Lehre von den zwölf Imamen auch Zwölfer oder Ithna ^{c}Aschariya genannt. Ihre Anhänger werden oft einfach Schiiten genannt, weil sie die größte Gruppe sind. Dem Historiker erscheint die Lehre von der Verborgenheit des Imam als ein geschickter Zug der Anführer der Sekte, Schwierigkeiten aus dem Weg zu gehen. Manche der anerkannten Imame verstanden nichts von weltlichen Angelegenheiten. Mit der Rede von der Verborgenheit des Imam wurde die Herrschaft über die Gruppe in die Hände derer gelegt, die etwas davon verstanden und die mit dem abbasidischen Kalifat Frieden halten wollten. Einige von ihnen waren offenbar mit den finanziellen Angelegenheiten des Kalifats befaßt, wollten sich aber aus der Tagespolitik heraushalten. Die neue Doktrin machte es ihnen möglich, mit der Regierung zusammenzuarbeiten und dennoch Distanz zu ihm zu halten. In diesem Sinn unterhielten die Imamiten und das Kalifat friedliche Beziehungen, und daran änderte sich bis zur Machtergreifung der Safawiden im 16. Jahrhundert in Iran nichts.

Heute gibt es weit mehr Imamiten als Zaiditen oder Ismailiten; trotzdem machen alle zusammen nur ein Zehntel aller Muslime aus.

In ^{c}Alis Heer von 656 gab es neben den Vorläufern der späteren Schiiten diejenigen, die »hinausgingen«, und somit die ersten Charidschiten wurden. Einer ihrer Grundsätze war, daß ein Muslim, der eine schwere Sünde begeht, von der Gemeinde der Muslime ausgeschlossen sei. Dem lag die Vorstellung zugrunde, daß die Gemeinde der Muslime das Volk des Paradieses darstelle, während dem schweren Sünder die Hölle vorbehalten sei und jede Gemeinsamkeit mit ihm die Zukunft derer, die für das Paradies bestimmt sind, gefährdete. Wenn ihre Gruppe vielleicht auch nicht in Verbindung mit jener stand, die ^{c}Uthman umgebracht hatte, so hielten sie die Tat dennoch für gerechtfertigt, weil ^{c}Uthman, indem er einen schweren Sünder nicht bestrafte, selbst eine schwere Sünde beging. Außerdem waren sie der Meinung, daß ^{c}Ali zu wenig mit denen sympatisierte, die ^{c}Uthman getötet hatten. Aber nicht nur ^{c}Ali erregte ihren Zorn: Während zu seiner Kalifatszeit von sieben charidschitischen Erhebungen berichtet wird, gab es unter Mu^{c}awiya um die 20.

Wie schon erwähnt, muß die charidschitische Bewegung als Reaktion auf eine Verunsicherung und Krise im Zusammenhang mit der Veränderung von einer nomadischen Lebensweise in der Wüste zu einem Leben im muslimischen Heer gesehen werden. Während die Schiiten glaubten, Sicherheit durch einen charismatischen Führer zu erhalten, suchten die Charidschiten Sicherheit in der Zugehörigkeit zu einem charismatischen Stamm. Die islamische Umma in ihrer Gesamtheit war eine solche Gemeinschaft, und die Charidschiten wollten deren besonderen Charakter erhalten. Dies ging wahrscheinlich auf Vorstellungen aus vorislamischer Zeit zurück, wo der Sinn des Lebens traditionell in der Zugehörigkeit zu einem herausragenden Stamm oder einer besonderen Sippe bestand. In die Aufstände gegen ^{c}Ali und Mu^{c}awiya sollen zwischen 30 bis 500 Personen verwickelt gewesen sein, durchschnittlich etwa 200, so daß die Aufständischen, wenn sie in die Wüste gingen, in etwa einen kleineren Stamm ausmachten.

Im Bürgerkrieg von 684 bis 692 tauchten zwei Untersekten der Charidschiten auf, die beide das theologische Denken beeinflußten. Die erste waren die Azariqa oder Azraqiten. Als Ibn az-Zubair Basra besetzte, zogen sie sich in die östlich gelegenen Berge zurück und setzten sich dort für mehr als ein Jahrzehnt fest, wobei sie ab und zu Basra bedrohten. Sie behaupteten, sie allein verkörperten die wahre islamische Gemeinde, daß die herrschende Regierung sündige und daß alle, die dieser Regierung nicht den Rücken kehrten und zu ihnen stießen, ebenfalls sündigten und getötet werden müßten. Auf der Grundlage dieses Denkens wurden sie Terroristen und verantwortlich für viele Massaker.

Die andere Sekte waren die Nadschditen (Nadschadat oder Nadschdiya), die sich in Zentralarabien festsetzten und eine Zeitlang große Teile des Gebiets beherrschten. Ursprünglich hingen sie den selben Ideen an wie die Azraqiten, merkten aber bald, daß sie nicht jeden, der einen Diebstahl oder ein anderes Verbrechen begangen hatte, aus ihrem Gebiet verbannen konnten. Um die weniger schwere Bestrafung zu rechtfertigen, unterschieden sie zwischen Grundsätzlichem und Nicht-Grundsätzlichem und stellten fest, daß ein einmaliges Vergehen nicht grundsätzlich sei, wohingegen anhaltendes Sündigen und Fehlen Idolatrie bedeute und somit grundsätzlich sei. Sie räumten ein, daß Gott einzelne Vergehen bestrafen könne, indem er eine Person nur für eine bestimmte Zeit zu einer Höllenstrafe verurteilt, sie aber schließlich ins Paradies eingehen läßt.

Während die Nadschditen sich mit den Problemen einer großen Gemeinde unter einer autonomen charidschitischen Regierung herumschlagen mußten, sahen sich in Basra manche gemäßigten Charidschiten mit dem Problem konfrontiert, wie es möglich sei, unter nicht-charidschitischer Herrschaft zu leben. Einige wähnten sich in »der Sphäre der frommen Zurückhaltung« (*dar at-taqiya*), wo man die wahren Absichten verbergen dürfe. Am Anfang neigten sie dazu, zu behaupten, die nicht-charidschitischen Regierungen seien Ungläubige und Götzendiener, doch mit der Zeit sahen sie ein, daß diese Bezeichnung für gottesfürchtige Muslime, die sich nur in wenigen Punkten von ihnen unterschieden, nicht angebracht war, und so nannten sie sie fortan statt dessen »Monotheisten« (*muwahhidun*). Auch viele andere theologische Fragen wurden von ihnen diskutiert. Tatsächlich war Basra zwischen 690 und 730 die Bühne theologischer Debatten, die den zukünftigen Verlauf islamischer Theologie weitgehend bestimmte.

Der wichtigste Beitrag der Charidschiten für die gesamte islamische Gemeinde bestand vielleicht darin, daß sie auf dem Koran als wichtigster Quelle von Gesetz und Glauben beharrten. Einige der ersten Charidschiten drückten dies mit den Worten aus: »keine Entscheidung außer der Gottes« (*la hukm illa li-llah*) oder »die Entscheidung liegt bei Gott allein«. Dies bedeutete, daß öffentliche Entscheidungen auf den Prinzipien des Korans gründen müssen und nicht auf dem traditionellen arabischen Gewohnheitsrecht. Wie bereits im vorhergehenden Kapitel erwähnt, wurde dies zur Grundlage des islamischen Rechts, wiewohl noch ergänzt durch die von Gott inspirierte Sunna Muhammads.

Eine kleine Gruppe quietistischer Charidschiten in Basra ist unter dem Namen Waqifiten oder Waqifa bekannt, weil sie das Urteil über gewisse Fragen aufschoben (*waqafu*). Sie meinten, daß man das endgültige Los eines Sünders nicht kennen könne – das heißt, ob er zu den Leuten des Paradieses oder der Hölle gehöre –, daß er aber in der Zeit dazwischen nach wie vor als Mitglied der islamischen Gemeinde zu betrachten sei. Die Gruppe als solche ist nicht besonders wichtig, weist jedoch auf eine Bewegung von den Charidschiten weg zu einer anderen Gruppe oder Sekte hin, den Murdschiten oder der Murdschi'a.

Ein Gutteil unserer Kenntnisse über diese frühen Sekten stammt von verschiedenen späteren Schriftgelehrten, die bisweilen auch Häresiographen genannt wurden. Die wichtigsten Bücher sind diesbezüglich die *Maqalat al-islamiyin* (»Sekten des Islam«) von al-Asch^c^ari (gest. 935), *Al-Farq bain al-firaq* (»Der Unterschied zwischen den Sekten«) von al-Baghdadi (gest. 1037) und *Kitab al-milal wa-n-nihal* (»Buch der Religionsgemeinden und der Glaubensrichtungen«) von asch-Schahrastani (gest. 1153). Diese Schriftsteller neigten dazu, Bezeichnungen von Gruppen so zu übernehmen, wie sie sie in dem von ihnen herbeigezogenen Material vorfanden, ohne sich viel darum zu kümmern, wer diese Bezeichnungen vergeben hatte. So kommt es, daß asch-Schahrastani da, wo er auf die Murdschiten zu sprechen kommt, unterscheiden muß zwischen Murdschi'a der Charidschiten, der Qadariten, der Dschabriten und der reinen Murdschi'a; und schließlich muß er von Abu Hanifa (nach dem die hanafitische Rechtsschule benannt ist) als einem Murdschiten der Sunna sprechen, weil eine solche Person, obwohl von den Gegnern als Murdschit bezeichnet, nicht als Häretiker angesehen werden konnte. Dies zeigt, daß es keine klar definierte Sekte der Murdschiten gab, sondern daß der Name eine Denkrichtung bei Leuten anzeigte, deren Ansichten sonst weit auseinandergingen.

Der Name ist abgeleitet vom arabischen Partizip *murdsch*, »einer, der aufschiebt«. Der Begriff scheint zuerst auf jene gemünzt gewesen zu sein, die in den Kämpfen nach dem Tod von ^c^Uthman 656 eine Entscheidung über diejenigen, die richtig oder falsch handelten, aufschoben. Vielleicht wollten diese Leute die Kluft überbrücken, die sich zu jener Zeit zwischen verschiedenen Gruppen auftat. Später wurde der Begriff als Aufschub einer Entscheidung über einen schweren Sünder verstanden, was bedeutete, ihn als Mitglied der Gemeinde zu akzeptieren. Hergeleitet sein soll er von den Worten: »Und mit anderen wird zugewartet, bis Gott über sie entscheidet« (9.106). Obwohl der Begriff »Aufschub« im späteren Sunnitentum nicht gebräuchlich war, hat man seine politische Bedeutung übernommen.

Die Umaiyaden verteidigten die Legitimität ihres Kalifats auf unterschiedliche Weise. Zum einen, daß Mu^{c}awiya im Sinn der traditionellen arabischen Vorstellung der Rächer ^{c}Uthmans gewesen sein soll. Später legten sie allerdings mehr Wert auf die Feststellung, daß ihre Herrschaft gottgewollt war, eine Behauptung, die sie mit Versen aus dem Koran stützten. Sie behaupteten weiter, daß auch ihr Wirken von Gott bestimmt werde. Gegner der Umaiyaden bestritten dies mit Hilfe einer Art Lehre vom freien menschlichen Willen. Diese Leute nannte man Qadariten. Mehr als die Murdschiten scheinen sie eine Sekte gewesen zu sein, wiewohl sie in mehrere unterschiedliche Gruppen zerfielen. Von einigen der charidschitischen Rebellen hieß es in den letzten Jahren der Umaiyadendynastie, sie hätten qadaritische Ansichten gehabt.

Die Dschabriten (Dschabriya, Mudschbira) waren wahrscheinlich keine Sekte im eigentlichen Sinn. »Dschabrit« war wohl eher ein Schimpfwort, das die Qadariten und andere für die Anhänger einer Prädestinationslehre benutzten. Es ließe sich auch auf manche der Hauptgruppen der Muslime anwenden. Während es viele Informationen über die häretischen Sekten der Umaiyaden- und Abbasidenzeit gibt, so muß auch betont werden, daß so etwas wie eine allgemeine religiöse Richtung existierte, das heißt, eine Gruppe frommer Muslime, welche die wesentlichen Bestandteile dessen hochhielten, was später als der wahre Islam angesehen wurde. Man könnte sie »orthodox« nennen, doch ist dieser Begriff, wie schon gesagt, im Islam nicht angebracht, und so spricht man besser von einer religiösen Hauptrichtung oder Hauptströmung des Islam.

Diese Begriffe bezeichnen mehr oder weniger das, was man heute Sunnitentum nennt. Die sunnitische Auffassung des Islam schälte sich jedoch erst mit der Zeit heraus. Zu Beginn achteten die verschiedenen Gruppen der islamischen Hauptströmung mehr darauf, worin sie sich unterschieden, als auf das, was ihnen gemeinsam war. Einige gaben sich Namen wie »Anhänger der Sunna« (*ahl as-sunna*) oder »Anhänger der Sunna und der Gemeinschaft« (*ahl as-sunna wa-l-dschama^c^a*), doch schlossen diese Bezeichnungen in ihrer ursprünglichen Form vielleicht manche aus, die heute als Sunniten betrachtet werden. Das Adjektiv sunnitisch (*sunni*) wurde offenbar erst gegen Ende des 10. Jahrhunderts gebräuchlich, als die Sunniten merkten, was sie untereinander verband.

Die Entwicklung der sunnitischen Theologie

Während sich die frühen theologischen Diskussionen um die religiösen Probleme des islamischen Staats drehten, trat zu Beginn des 9. Jahrhunderts ein neues Element dazu. Es war dies die in den Provinzen Syrien, Irak und Ägypten dominante hellenistische Kultur. In Irak wurde an christlichen Schulen Medizin, Naturwissenschaften und Philosophie in heimischer Sprache gelehrt. Am Anfang waren die Muslime wahrscheinlich hauptsächlich an Medizin interessiert, doch gründete der Kalif al-Ma'mun ein Institut, den *bait al-hikma*, dem die Übersetzung der vielen griechischen Bücher oblag, und dieses Institut beschränkte sich nicht nur auf Medizin. Gleichzeitig wurden einige in diesem Institut ausgebildete Personen Muslime.

Auf theologischem Gebiet erkannten einige muslimische Denker, daß die griechische Methode der Argumentation eine nützliche Waffe sowohl gegen muslimische als nicht-muslimische Opponenten war. Einer der ersten, der sie anwandte, war Dirar ibn ^c^Amr, über den erst vor kurzem mehr bekannt wurde. Er wirkte im letzten Jahrzehnt des 8. Jahrhunderts in Basra und führte theologische Diskussionen unter Einbeziehung griechischer Ideen. In diesem Sinn war er ein Vorläufer der bedeutenden Gruppe oder Sekte der Mutaziliten oder der Mu^c^tazila. Sie übernahmen den Glauben an den freien Willen des Menschen und wurden deshalb bisweilen auch Qadariten genannt, obwohl die regierungsfeindliche Haltung der ursprünglichen Qadariten nach dem Sturz der Umaiyaden keine Rolle mehr spielte. Eine Zeitlang gab es enge Verbindungen der Mutaziliten zu den abbasidischen Kalifen, und sie waren es auch, welche die theologischen Argumente für die Geschaffenheit des Korans lieferten und damit al-Ma'muns Politik der Inquisition stützten.

Die Mutaziliten nannten sich manchmal auch »die Anhänger der Einheit und Gerechtigkeit« (*ahl at-tawhid wa-l-ᶜadl*). Gemeint war die Einheit Gottes. Sie behaupteten, daß außerhalb von Gottes Wesen keine göttlichen Attribute wie Wissen (oder Allwissenheit) existierten. Daraus folgte, daß der Koran, wenn er ungeschaffen war, eine Art ewige Existenz neben Gott Wesenheit darstellte und damit eine Verletzung seiner Einheit wäre; deshalb bestanden sie darauf, daß er geschaffen war. Natürlich gab es auf beiden Seiten noch viele andere subtile Argumente. Hatten die Mutaziliten möglicherweise von den Charidschiten das Bestreben übernommen, dafür zu sorgen, daß alle Menschen nach Gottes Gesetzen lebten, so war Gottes Gerechtigkeit das Prinzip von Gerechtigkeit, auf das sie besonderen Wert legten. Das bedeutete, daß Gott nicht gerechterweise Menschen zu Höllenqualen verdammen konnte, wenn sie für ihre Taten nicht verantwortlich waren. Es war dies ein Argument für den freien menschlichen Willen.

Auch drei andere Prinzipien wurden zur genauen Definition der Muᶜtazila angeführt. Eines bezieht sich auf den Glauben an Paradies und Hölle. Ein anderes darauf, daß der schwere Sünder weder ein Gläubiger noch ein Ungläubiger war, sondern sich in einer Zwischenstellung befand. Schließlich hielten sie daran fest, daß es die Pflicht aller Muslime war, im öffentlichen Leben Gerechtigkeit walten zu lassen und der Ungerechtigkeit in jeder ihnen zur Verfügung stehenden Weise zu begegnen, sei es durch das Wort, die Tat oder mit Waffengewalt. Dies ist bekannt unter dem Namen: »die Aufforderung zum Billigen und die Abhaltung vom Verwerflichen« (*al-amr bi-l-maᶜruf wa-n-nahi ᶜan al-munkar*).

Nach der Aufhebung der Inquisition um 850 verloren die Mutaziliten an politischer Bedeutung und wurden Teil einer Art akademischer Theologen mit Schulen in Basra und Bagdad. Mit der Schule in Basra geht eine wichtige neue Entwicklung in der islamischen Theologie einher. Dort studierte und lehrte für einige Jahre ein Mann namens al-Asch^{c}ari (873-935), der möglicherweise auch Leiter der Schule werden sollte. Um 912 entschloß er sich jedoch, das Mutazilitentum aufzugeben und sich der konservativeren Form der Dogmatik, zu der sich die hanbalitischen Theologen bekannten, zuzuwenden. Gleichzeitig jedoch verteidigte er diese Überzeugungen mit Methoden und Argumenten, die er als Mutazilit gelernt hatte, und begründete damit die neue Disziplin des *kalam* oder der philosophischen Theologie im sunnitischen Islam. Diese Disziplin hatte bald viele Verfechter, so daß ab dem 11. Jahrhundert der ascharitische Kalam als die Hauptrichtung islamischer Theologie angesehen werden kann. Er dominierte über Jahrhunderte in den zentralen Gebieten des Islam.

Dies ist die gängige Darstellung der Entstehung des Kalam, wobei al-Asch^{c}aris Beitrag vielleicht etwas überbewertet wird. Auch andere Gelehrte haben in diese Richtung gearbeitet, und als er sich konservativen Überzeugungen zuwandte, existierte bereits eine Gruppe, der er sich anschloß. Geringe Abweichungen zwischen al-Asch^{c}ari und diesen wurden später von einem seiner Schüler diskutiert. Hier liegt noch viel im Dunkeln, doch sicher ist, daß um die Mitte des 11. Jahrhunderts die Hauptvertreter des Kalam sich als Ascharíten betrachteten. Häufig wird auch behauptet, es habe gleichzeitig in Samarkand eine von al-Maturidi (gest. 944) gegründete Schule der philosophischen Theologie gegeben. Diese Schule existierte mit Sicherheit und fand zu lokaler Blüte, doch war ihr Einfluß auf andere Regionen der islamischen Welt gering. Die Behauptung, sie sei gleichbedeutend wie die ascharitische Schule gewesen, stammt von einem osmanischen Schriftgelehrten des 16. Jahrhunderts. Er übertrieb die Bedeutung ihrer Stellung jedoch, weil sie in Verbindung mit der hanafitischen Rechtsschule stand und das Osmanische Reich offiziell hanafitisch war.

Ein Unterschied zwischen den Ascharíten und Hanbaliten auf der einen sowie den Maturiditen und Hanafiten auf der anderen Seite besteht darin, daß die ersteren der Meinung waren, Glauben könne zu- und abnehmen, während letztere dies verneinten. Der ersten Vorstellung liegt zugrunde, daß viele gute Werke Beweis für einen größeren Glauben und schlechte Taten mit einem schlechten Glauben verbunden seien. Die andere Ansicht steht auf dem Standpunkt, daß die Menschen durch Glauben Gläubige werden und daß es nur entweder Gläubige oder Ungläubige, aber nichts dazwischen gibt.

Heftige Gegner der Disziplin des Kalam oder der theologischen Philosophie waren die Theologen der hanbalitischen Rechtsschule. Obwohl al-Asch^c^ari ihre Position in dogmatischen Fragen übernommen hatte, wollten sie mit seiner Argumentation nichts zu tun haben. Die hanbalitische Theologie existierte neben dem Kalam weiter, weil es im Islam keine dem christlichen ökumenischen Konzil vergleichbare Einrichtung gibt, die ein endgültiges Urteil darüber abzugeben hat, was den wahren islamischen Glauben ausmache.

Zahlreiche Schriften von Anhängern der ascharitischen Schule des 12. und 13. Jahrhunderts sind erhalten, und einiges ist auch über die Schriftsteller bekannt, doch wollen wir uns hier darauf beschränken, von jenem Mann zu sprechen, der für die Weiterentwicklung des Kalam in erster Linie verantwortlich war. Es handelt sich um Abu Hamid Muhammad al-Ghazali (1058-1111). Geboren und aufgewachsen in Ostiran, studierte er Rechtswissenschaft und Theologie an der erst jüngst gegründeten Nizamiya-Schule in Nischapur. Seine herausragenden geistigen Fähigkeiten wurden früh erkannt und geschätzt. Im Alter von 33 Jahren erhielt er schon den angesehenen Professorentitel verliehen und wurde Direktor der Nizamiya-Schule in Bagdad, wo er vor allem Recht lehren sollte. Er war auf die Bedrohung der Theologie durch die arabischen Philosophen aufmerksam geworden und machte sich in Bagdad daran, die Schriften Avicennas und anderer Philosophen zu studieren und eine Zurückweisung ihrer Ansichten, die er für falsch hielt, zu schreiben. Bei diesem Unternehmen lernte er indessen die Möglichkeiten einer Disziplin wie der aristotelischen Logik schätzen, und als er merkte, daß diese Logik dem grundlegenden islamischen Glauben nicht widersprach, begann er Bücher zu schreiben, in denen er seine Kollegen der Theologie ermunterte, sie vermehrt anzuwenden. Viele von ihnen leisteten dieser Aufforderung Folge.

Nach vier Jahren in Bagdad durchlief al-Ghazali eine geistige Krise, gab seine Professur auf und zog sich in eine Art Mönchsdasein nach islamischer Tradition des Sufismus zurück. Gegen Ende 1096 unternahm er die Pilgerreise nach Mekka, danach weiß man nichts Genaues über seine Aufenthalte. Um 1100 herum jedenfalls eröffnete er eine Herberge in seiner Geburtsstadt Tus, wo junge Männer mit ihm zusammen das Leben eines Sufimönchs führten. Nach 1105 überredete man ihn, als Lehrer an die Nizamiya-Schule in Nischapur zurückzukehren, was er mindestens drei Jahre lang tat. Danach zog er sich, wahrscheinlich aufgrund seiner schlechten Gesundheit, nach Tus zurück, wo er im Dezember 1111 starb.

Al-Ghazali hinterließ eine große Anzahl von Schriften, manche wurden ihm freilich auch fälschlicherweise zugeschrieben. Die echten umfassen ein riesiges Werk zur Wiederbelebung der religiösen Wissenschaft, das 40 Kapitel oder Abschnitte umfaßte, die in der Übersetzung je einen schmalen Band ausmachen. Dieses Werk gibt einen Überblick über sein Islamverständnis nach seiner »Bekehrung«. Für seine Zeitgenossen und seine Nachfolger war er in erster Linie Rechtsgelehrter und schrieb einige wichtige juristische Werke. Das Werk, mit dem er jedoch im Westen bekannt wurde, ist eine Art spiritueller Autobiographie: »Der Retter aus dem Irrtum« (*al-Munqidh min ad-dalal*). Darin beschreibt er seine Wahrheitssuche nach einer Periode des Skeptizismus; der Bericht ist jedoch mehr logisch als chronologisch geordnet.

Das erste Gebiet, das er darin behandelte, war die Disziplin des Kalam, den er selbst jahrelang studiert und gelehrt hatte. Später kam er jedoch zu der Einsicht, daß er keine Antwort auf letzte Fragen geben könne. Sein nächstes Forschungsgebiet war die Philosophie; aber auch da wurde er enttäuscht. Darauf interessierte er sich für eine Variante ismailitischer Häresie, die anti-abbasidische Propaganda im Kalifat betrieb. Er scheint dies aber weniger aus einem tiefen Interesse an ihren Lehren betrieben zu haben, sondern weil der Kalif ihn aufgefordert hatte, eine Widerlegung zu schreiben. Schließlich gelangte er zur mystischen Tradition des Sufismus, und dies führte ihn zur Einsicht, daß er mit den rationalen Methoden an das Ende der Möglichkeiten gestoßen war, daß er jetzt die unmittelbare Erfahrung der letzten Dinge machen müsse, indem er das Leben eines Sufi-Derwischs führte. Dieser Entschluß, der von einem physischen Zusammenbruch begleitet war, führte zu seinem Rückzug vom Lehramt.

Diese Art persönlicher Erklärung übt auf das westliche Denken eine große Anziehung aus. Das Buch wurde etwa um die Mitte des 19. Jahrhunderts in Europa bekannt; dank seiner Attraktivität widmeten europäische Gelehrte auch anderen Werken von al-Ghazali weit mehr Aufmerksamkeit als anderen muslimischen Gelehrten.

Die arabischen Philosophen

Während sich manche Theologen in beschränktem Umfang griechischen Denkformen zuwandten, gab es nur wenige muslimische Denker, die griechische Philosophie als solche akzeptierten. Einer der ersten war al-Kindi (gest. 870), ein Mann arabischer Herkunft. Wichtiger waren al-Farabi (gest. 950) und Ibn Sina, lateinisch Avicenna (gest. 1037). Mit seinen Schriften trug al-Kindi viel zur Verbreitung der Kenntnisse über griechisches Denken bei und dazu, es mit dem islamischen Glauben – zumindest mutazilitischer Provenienz – in Übereinstimmung zu bringen. Er veränderte insbesondere die griechische Vorstellung von der Welt als einer Emanation Gottes in die einer Schöpfung der Welt aus dem Nichts, der *creatio ex nihilo*. Al-Farabi und Avicenna entwickelten eine völlig neue Philosophie, die im Grunde auf den Neuplatonismus zurückging. Sie waren immerhin vorsichtig genug, dies auf eine Art und Weise auszudrücken, die mit der islamischen Gottesvorstellung in Übereinstimmung zu bringen war. Weil sie jedoch nur wenige andere Punkte des islamischen Glaubens berücksichtigten, wurden sie von den Theologen als Häretiker betrachtet. Die Theologen machten sich selten die Mühe, die Werke der Philosophen zu lesen, hätten sie in den meisten Fällen wohl auch gar nicht verstanden. Es gab aber viele gut ausgebildete Muslime, die sich eher der Philosophie als der Theologie zuwandten. Dies bereitete einigen Theologen Sorgen, so daß sich al-Ghazali um 1090 Kopien der Werke von al-Farabi und Avicenna besorgte und sie privat für sich studierte. Für jemanden in seiner Position wäre es schwierig gewesen, Unterricht bei einem Philosophen zu nehmen.

Nach seinem Studium der Philosophen schrieb al-Ghazali eine Darlegung ihrer Ansichten, besonders des Avicenna, und fing an, eine Widerlegung zu schreiben. Die Darlegung ist in gewisser Weise klarer als die Schriften des Avicenna. In seiner Widerlegung lenkt er die Aufmerksamkeit auf zwanzig Irrtümer der Philosophen, von denen der schwerste in der Annahme bestehe, die Welt habe seit ewigen Zeiten existiert und sei nicht geschaffen worden, daß Gott nur um das Ganze und nicht um das Besondere wisse und daß nur die Seele auferstehe und nicht der Körper.

Al-Ghazali nannte sein Buch *Die Inkohärenz der Philosophen*, weil es zeigte, daß deren Argumente weniger stichhaltig waren, als sie glaubten. In der zweiten Hälfte des 12. Jahrhunderts erschien im islamischen Westen eine Widerlegung dieses Buchs unter dem Titel *Die Inkohärenz der Inkohärenz*, geschrieben von Ibn Ruschd (lateinisch Averroes, gest. 1198). Er war mehr Aristoteliker denn Neuplatoniker und hatte Kommentare zu einigen Werken des Aristoteles geschrieben. Sein Werk hatte im Zentrum und Osten der islamischen Welt wenig Einfluß, wohl aber war die lateinische Übersetzung, wie noch zu zeigen sein wird, von immenser Bedeutung für das westliche Europa. Sowohl Avicenna als auch Averroes nehmen in der Philosophie einen herausragenden Platz ein.

Averroes war der letzte Philosoph im Westen und im Zentrum der islamischen Welt, und im islamischen Osten gab es nach Avicenna nur noch wenig reine Philosophie, was wohl auf andere Ursachen als auf die Widerlegung des al-Ghazali zurückzuführen ist. Philosophisches Denken lebte im iranischen Raum weiter, verband sich jedoch immer mehr mit Theosophie. Der wichtigste unter diesen iranischen Denkern war Mulla Sadra (gest. 1640).

Der geistige Einfluß des Islam auf Westeuropa

Der bedeutende Einfluß des Islam auf das geistige Leben Europas wird im Westen noch immer nicht genügend beachtet. Er war eine Folge der Existenz islamischer Staaten in Spanien vom 8. bis ins 15. Jahrhundert. Die islamische Eroberung Spaniens und die christliche Rückeroberung wurde bereits im zweiten Kapitel beschrieben. Im islamischen Spanien gab es eine große »geschützte Minderheit« von Christen, die mit den Muslimen häufiger Verbindungen eingingen als in anderen islamischen Provinzen. Die Christen wurden wahrscheinlich von der höheren materiellen Kultur der Muslimen angezogen und wollten an ihr teilhaben, während die Muslime ihrerseits manche traditionellen spanischen Gewohnheiten annahmen. Das Ergebnis war eine zum Teil gemeinsame hispano-arabische Kultur. Dies betraf schließlich die gesamte geistige Kultur der islamischen Welt, da Spanien enge Beziehungen mit den Zentren im Osten pflegte.

Früher gingen westliche Gelehrte davon aus, daß die Muslime nur Übermittler griechischer Wissenschaft und Philosophie waren. Heute weiß man jedoch, daß sie dem, was sie von den Griechen übernommen hatten, Wichtiges hinzufügten. Dazu gehört die Entwicklung der Mathematik in verschiedene Richtungen. Dies räumte Baron Carra de Vaux in der ersten Ausgabe von *The Legacy of Islam* von 1931 ein, ein Schriftsteller, der sonst kein großer Bewunderer der Araber war:

> *Die Araber haben in den Wissenschaften tatsächlich Großes geleistet; sie lehrten uns den Gebrauch der Ziffern (arabische Zahlen), auch wenn sie diese nicht erfunden hatten, und wurden damit Gründer der Arithmetik für den Alltagsgebrauch; sie machten die Algebra zu einer exakten Wissenschaft, entwickelten sie enorm und schufen die Grundlagen der analytischen Geometrie; unwidersprochen sind sie die Begründer der Trigonometrie, die es im eigentlichen Sinn bei den Griechen nicht gab.*

Durch mathematische Vereinfachung und genaue Beobachtungen waren sie in der Lage, genauere astronomische Tabellen zu erstellen. Astronomie war für die Muslime wichtig, um die Gebetsausrichtung nach Mekka feststellen zu können. In der Botanik stellten sie genaue Listen her mit besonderer Berücksichtigung der für die Pharmakologie nutzbaren Pflanzen. Besonders erwähnenswert sind die Fortschritte der Muslime in der Medizin. Nach der Eroberung Iraks waren sie für ein bis zwei Jahrhunderte auf die dort bestehenden christlichen medizinischen Schulen angewiesen, mit der Zeit jedoch brachten sie eigene hervor. Einige muslimische Ärzte erwarben große Fachkenntnisse sowohl in der medizinischen Praxis als auch auf theoretischem Gebiet. In den fünf Jahrhunderten bis zum 13. Jahrhundert sind siebzig muslimische Ärzte namentlich bekannt, die medizinische Bücher auf arabisch geschrieben haben. Das bedeutendste ist *Der Kanon der Medizin von Avicenna*, den wir schon als Philosophen kennengelernt haben. Die gesamte naturwissenschaftliche Materie war auch in Spanien bekannt.

Das Ende der umaiyadischen Herrschaft in Spanien im Jahr 1031 führte nach einiger Zeit zur sogenannten Reconquista. Ein wichtiger Schritt war dabei die Eroberung von Toledo durch die Christen 1085, weil dort weiterhin viele muslimische und jüdische Gelehrte lebten, die von christlichen Gelehrten aus Frankreich und von anderswoher aufgesucht werden konnten. In dem Jahrhundert nach dem Fall von Toledo wurde viel aus dem Arabischen ins Lateinische übersetzt, darunter der Koran, gefolgt von Widerlegungen. Ungeachtet früherer Kontakte gewann das westliche Europa dadurch gewiß bessere Kenntnisse über den Islam als jemals zuvor. Gleichzeitig entstand jedoch ein negatives Bild des Islam, welches das europäische Denken bis heute beeinflußt.

Astronomische Studien soll Westeuropa weitgehend einem zum Christentum konvertierten Juden namens Pedro Alfonso verdanken. Er kam 1110 als Hofarzt nach England und übte eine große Wirkung auf viele Gelehrte dort und in Frankreich aus. Die Beschäftigung mit der Wissenschaft blühte unter dem Einfluß der Übersetzungen aus dem Arabischen allgemein auf. Die erfolgreiche Ablösung der römischen Zahlen in Europa durch die Übernahme arabischer Zahlen erfolgte 1202 nach der Publikation des Buchs eines Händlers aus Pisa, der bei einem muslimischen Lehrer in Algerien studiert hatte. Den größten Einfluß hatte wahrscheinlich die islamische Medizin in Westeuropa. Zwar gab es bereits medizinische Schulen, doch waren sie deutlich zurückgeblieben. Der Kontakt mit der islamischen Medizin hob das Niveau und erweiterte ihre Kenntnisse beträchtlich. Viele arabische Werke wurden ins Lateinische übersetzt, alle jedoch überragte in seiner Bedeutung der Kanon des Avicenna, dessen Einfluß auf die europäischen Medizinschulen bis 1600 die Werke von Galen und des Hippokrates übertraf. Nur allmählich wurden auch in Europa Krankenhäuser eingerichtet und erreichten das Niveau der muslimischen Hospitäler.

In Westeuropa war vor 1100 von aristotelischer Logik wenig bekannt, ebensowenig von griechischer Philosophie überhaupt. Danach begannen sich die christlichen Theologen allerdings dafür zu interessieren und studierten die vielen Übersetzungen aus dem Arabischen, die nun angefertigt wurden, darunter die philosophischen Werke des Avicenna mit den Darlegungen seiner Ansichten al-Ghazalis sowie fast alles von Averroes. Im 13. Jahrhundert gab es eine starke geistige Strömung, die das, was man von den Muslimen in Wissenschaft und Philosophie gelernt hatte, weiterentwickelte, wenn auch für eine ganze Weile noch nicht in der Medizin. Von den philosophischen Werken hatten wahrscheinlich die Aristoteleskommentare des Averroes den größten Einfluß. Eine Gruppe christlicher Denker wurde als die lateinischen Averroisten bekannt, sie beschäftigten sich jedoch insbesondere mit seinem Skeptizismus und wurden deshalb von anderen christlichen Gelehrten als Häretiker betrachtet. Bedeutender war der Einfluß des Aristotelismus des Averroes auf Theologen des Dominikanerordens, insbesondere auf Thomas von Aquin (1226-1274). Dieser übernahm weitgehend das aristotelische Denken, obwohl dies bis dahin von christlichen Gelehrten mit Argwohn betrachtet wurde. Auf dieser Grundlage entwickelte Thomas von Aquin ein umfassendes philosophisches und theologisches System, das heute noch als die gründlichste und beste Darlegung des christlichen Glaubens gilt.

Im 14. Jahrhundert begann sich das Weltbild der Westeuropäer zu ändern. Der Dichter Dante (1265-1321) spricht an einer Stelle von den Philosophen und erwähnt Avicenna und Averroes, gleichzeitig kennt er aber auch die Namen von einem Dutzend griechischer Philosophen und nennt Aristoteles »den Meister der Wissenden«. Zu dieser Zeit waren schon ein oder zwei Übersetzungen direkt aus dem Griechischen verfügbar, und nach der Eroberung Konstantinopels durch die Osmanen im Jahr 1453, als man viele griechische Manuskripte nach Westen brachte, wurde das Rinnsal zum Strom. Danach geschah etwas, was man nur als einen Umschlag der Gefühle gegenüber arabischen und islamischen Errungenschaften bezeichnen kann. Das lateinische Christentum verlor jegliche Erinnerung an das, was es von den islamischen Denkern erhalten hatte, und meinte statt dessen, alles direkt von den Griechen bezogen zu haben. Es ist höchste Zeit, daß diese Verleugnung des islamischen Beitrags korrigiert wird.

Sunnitische Theologie nach al-Ghazali

Die ascharitische Theologie blühte auch nach al-Ghazali noch jahrhundertelang bis in unsere Tage, obwohl sich die Theologen in jüngster Zeit nicht mehr Aschariten nennen. Auch die maturiditische Theologie hatte ihre Blütezeit, insbesondere während der Hochblüte des Osmanischen Reichs, danach hörte man nicht mehr viel von ihr. Ein wichtiger ascharitischer Theologe, der ungefähr ein Jahrhundert nach al-Ghazali lebte, war Fachr ad-Din ar-Razi (1149-1210). Er stützte sich mehr auf philosophische Ideen als al-Ghazali, war in Fragen der Dogmatik allerdings konservativer. Nach der Eroberung von Bagdad 1258 durch die Mongolen muß es zu einem kulturellen Niedergang gekommen sein, auch wenn die Gründe dafür nicht ganz klar sind. Zwar wurde der Theologie mehr Aufmerksamkeit geschenkt, doch kam wenig Originelles dabei heraus. Die meisten Schriften waren Kommentare und Kommentare der Kommentare sowie wiederum Glossen zu den Kommentaren. Erwähnenswert ist vielleicht ᶜAdud ad-Din al-Idschi (ca. 1281-1355), der vorwiegend im iranischen Schiraz lebte. Er verfaßte ein kurzes Glaubensbekenntnis, das als *ᶜAdudiya* bekannt ist (übersetzt in meinem Buch *Islamic Creeds*), und eine lange theologische Abhandlung, *Al-Mawaqif*. Ein Kommentar dazu von al-Dschurdschani (1340-1413) füllt vier dicke Bände, wovon mehr als die Hälfte philosophischen Präliminarien gewidmet ist. Für die folgenden sechs Jahrhunderte bis 1850 gibt es eine unübersehbare Menge an theologischen Manuskripten, von denen wenige publiziert und die größtenteils nicht untersucht sind.

Zu erwähnen wären noch zwei kompetente ascharitische Theologen, die sich auf anderen Gebieten hervortaten. Der eine ist al-Baidawi (gest. 1316 oder früher), der als Richter in Schiraz und Täbris wirkte. Er schrieb ein umfassendes Werk über den Kalam, ist jedoch hauptsächlich für seinen Korankommentar bekannt. Dieser faßt frühere Kommentatoren zusammen, korrigiert sie, wo nötig, und wird gemeinhin als der zuverlässigste aller sunnitischen Kommentare betrachtet. Der andere ist Ibn Chaldun (1332-1406), der an verschiedenen Orten in Nordafrika, Spanien und zuletzt auch in Ägypten tätig war. Seinen Ruf schuf er sich mit seiner umfangreichen Weltgeschichte, insbesondere deren dreibändiger *Muqaddimah* oder *Einleitung*, da sie viele neue Einsichten auf dem Gebiet der Soziologie und der Geschichtsphilosophie eröffnet, wo Ibn Chaldun tatsächlich Pionier war. Die Bedeutung dieses Werks wird auch von europäischen Gelehrten weithin anerkannt, und es ist ins Englische, Französische und in Auszügen auch ins Deutsche übersetzt.

Während die Spätzeit der ascharitischen Theologie alle Anzeichen einer Stagnation aufwies, erfreute sich die hanbalitische Theologie großer Vitalität. Unter den Abbasiden blieb sie auf Bagdad beschränkt, doch vor der Eroberung von 1258 hatten sich hanbalitische Gruppen auch in anderen Städten gebildet, und danach wurde Damaskus ihr wichtigstes Zentrum. Der bedeutendste unter den späteren Hanbaliten war Ibn Taimiya (1263-1328), der größtenteils in Damaskus, einige Jahre auch in Kairo lebte, als beide Orte unter mamlukischer Herrschaft standen. Er war nicht nur ein akademischer Theologe, sondern legte auch öffentlich Protest ein gegen alles, was seiner Meinung nach gegen die Schari^{c}a war, wie etwa gewisse Sufipraktiken und die Heiligenverehrung. Dies brachte ihn vorübergehend ins Gefängnis und schließlich starb er auch im Kerker. Er verteidigte nicht nur mit aller Kraft die hanbalitische theologische Richtung, sondern richtete auch heftige Angriffe gegen die gesamte Tradition des Kalam. Dieser Angriff ging von seinem Glauben aus, daß der menschliche Geist das Wesen Gottes nicht vollkommen erfassen kann und daß deshalb alle von den rationalen Methoden des Kalam in dieser Hinsicht vorgebrachten Argumente unvermeidlich hinfällig sind.

In den folgenden zwei Jahrhunderten tauchten auch noch andere hanbalitische Theologen auf, allerdings nicht von solchem Format wie Ibn Taimiya. Seine nachhaltige Wirkung soll mit zur Entstehung der wahhabitischen Bewegung beigetragen haben. Der Gründer dieser Bewegung war Muhammad ibn ^{c}Abd al-Wahhab (1703-1792), der aus Zentralarabien stammte, in Medina und danach noch an verschiedenen Orten von Kairo bis Isfahan studierte. Tief besorgt über den Verfall der Volksreligion kam er zu der Einsicht, daß das Denken von Ibn Taimiya eine praktische Anleitung zu einer Reform darstellte. Vor allem betonte er die Notwendigkeit einer Rückkehr zum reinen, ursprünglichen Islam. Nach seiner Rückkehr nach Zentralarabien tat er sich mit dem Emir einer kleinen Stadt zusammen, der zur Su^{c}udi-Familie gehörte, und gemeinsam setzten sie ein gewisses Maß an Reformen durch. Die Verbindung der Su^{c}udi-Familie mit den Anhängern von ^{c}Abd al-Wahhab setzte sich mit einigen Höhen und Tiefen bis ins 20. Jahrhundert fort; um 1930 entstand schließlich das Königreich Saudi (Su^{c}udi) Arabien.

Schiitische Theologie

Im ersten Teil dieses Kapitels wurde über die Entstehung der schiitischen Bewegung und die Herausbildung der drei Zweige, der Zaiditen, Ismailiten und Imamiten, berichtet. In jeder dieser Gruppen setzte die Verteidigung der jeweiligen Position ein gewisses theologisches Denken voraus. Das der Zaiditen war eng mit der Lehre der Mutaziliten verknüpft, wenn auch nicht damit identisch. Einige zaiditische Führer waren an Theologie interessiert und schrieben viele Bücher, doch keines davon scheint einen großen Einfluß auf andere Sekten gehabt zu haben, außer vielleicht bei einigen Mutaziliten. Eine Vorstellung über das Denken der Ismailiten verschafft das Buch von W. Ivanow, *A Creed of the Fatimids*. Es ist eine gekürzte Übersetzung des langen Bekenntnisses, das um 1200 aufgeschrieben wurde. Obwohl die Ismailiten Kontakte zu den Hauptrichtungen des islamischen Denkens hatten, entwickelten sie nie eine eigene philosophische Theologie.

Die Imamiten waren bis 1500 mehr eine theologische Partei als eine eigene Sekte, die unter Sunniten lebte und frei mit diesen verkehrte. Imamitische Theologen brachten nicht nur ihre Glaubensrichtung zum Ausdruck, sondern hatten auch an der Denkrichtung teil, die zur Entfaltung des sunnitischen Kalam oder der philosophischen Theologie führte. Viele von ihnen waren überhaupt philosophisch aufgeschlossener als die Sunniten. Eine Darlegung imamitischen Glaubens von Ibn Babawaih (gest. 991) ist von Asaf A. A. Fyzee unter dem Titel *A Shiite Creed* übersetzt; in den kommenden Jahrhunderten folgten noch viele weitere imamitische Theologen. Der bedeutendste des 13. Jahrhunderts war Nasir ad-din at-Tusi (1201-1274), der ein tiefgehendes Interesse an Philosophie hatte. Ein kurzes Bekenntnis von einem seiner Schüler, bekannt unter dem Namen ᶜAllama-i-Hilli (1250-1325), ist in *Islamic Creeds* (S. 86-89) abgedruckt; es zeigt den Einfluß der Philosophie auf das imamitische Denken.

Die Beziehung zwischen Imamiten und Sunniten änderte sich nach der Machtergreifung der Safawidendynastie 1501 in Iran und der Verkündung des Imamismus als offizielle Staatsreligion vollständig. Die Imamiten wurden nun von Sunniten wie den osmanischen Sultanen als Feinde angesehen, und sie konzentrierten sich mehr oder weniger völlig auf Iran, bis auf einige wenige Gruppen in Syrien und anderswo. Unter den Safawiden gingen die theologischen Diskussionen weiter und neue Fragen tauchten auf. Im 17. Jahrhundert kam es zu einer Spaltung in zwei Gruppen: die Achbariten und die Usuliten. Erstere waren der Ansicht, daß Urteile sich auf den *achbar* stützen sollten, das heißt auf Berichte von einer Aussage Muhammads oder eines der zwölf Imame, während die Usuliten das Recht qualifizierter Rechtsgelehrter verteidigten, bestimmte Vorschriften von allgemeinen Prinzipien (*usul*) mittels der Vernunft abzuleiten.

Abgesehen von diesen Sonderfragen beschäftigten sich Denker mit der theologischen und philosophischen Ausarbeitung der imamitischen Lehre und brachten auch mystische Elemente darin unter. Einer der hervorragendsten von ihnen war Mulla Sadra (gest. 1640), doch meinten einige westliche Gelehrte von seinen Werken, daß sie mehr zur Theosophie als zur Philosophie neigten, und die ihm in Iran zugesprochene große Bedeutung wurde im Westen nicht von allen anerkannt. Nach dem 17. Jahrhundert gab es kein bemerkenswertes Werk eines imamitischen Denkers mehr, doch in jüngster Zeit mehren sich die Anzeichen für eine geistige Erneuerung.

Sufismus

Bei Muhammad selbst gibt es ein tiefes mystisches Element, obwohl in den äußerlichen Formen der islamischen Religion wenig davon zum Ausdruck kommt. Aber nach seinem Tod fingen immer mehr gottesfürchtige und fromme Muslime an, sich mit Meditation über religiöse Themen und asketischen Übungen zu beschäftigen. Einer von ihnen war al-Hasan al-Badri (643-728), der auch im Zentrum der frühen theologischen Diskussionen in Basra wirkte. Einige dieser frühen Asketen, die sich in Wolle (*suf*) kleideten, sowie die späteren Mystiker wurden als Sufis bekannt und ihre Praktiken als Sufismus (*tasawwuf*), selbst wenn das mystische Element das asketische überwog.

Ein Pionier der mystischen Suche war eine Frau, Rabi^{c}a al-Adawiya (gest. 801). Während manche Asketen hauptsächlich von der Gottesfurcht und der Furcht vor dem Jüngsten Gericht bewegt wurden, suchte sie nach einem tieferen Gottesverständnis, wurde Gottes Liebe für die Menschen gewärtig und war von einer tiefen Erfahrung der Gottesliebe ergriffen. Im folgenden Jahrhundert hielt diese Entwicklung an und bildete sich weiter aus. Die tiefen Erfahrungen führten manche dazu, zu behaupten, sie hätten die Einheit mit Gott erreicht. Dies erregte natürlich den Zorn der Theologen, denn diese betrachteten Gott und die Menschheit als wesentlich voneinander unterschieden. Zu den Sufimystikern gehörte al-Halladsch (gest. 922), der gesagt haben soll »ich bin er, den ich liebe, und er, den ich liebe, ist ich« und »ich bin die Wahrheit« (wobei mit Wahrheit einer der Namen Gottes gemeint ist). Er fing an, seinen Glauben öffentlich zu verkünden, wurde schließlich von den Behörden eingesperrt, zum Tode verurteilt und grausam hingerichtet. Der französische Gelehrte Louis Massignon, der durch seine Kontakte mit gläubigen Muslimen nach einer Lebensphase des Skeptizismus zum Glauben an Gott zurückfand, legte eine umfassende Untersuchung in seinem Werk *La Passion de Husayn ibn Mansur Hallaj, martyr mystique de l'islam* über al-Halladsch vor.

In den folgenden Jahrhunderten versuchten mehrere Personen, Sufipraktiken mit der Beachtung der fünf Säulen und den Dogmen des Islam in Einklang zu bringen. Den wichtigsten Vorstoß auf diesem Gebiet unternahm al-Ghazali, den wir bereits als Theologen vorgestellt haben. In seinem großen Buch *Die Wiederbelebung der Religionswissenschaften* zeigt er unter anderem, wie ein Leben als Sufi mit dem Vollzug des fünfmaligen Gebets täglich und anderen grundlegenden Pflichten eines Muslim verbunden werden kann. Eine vereinfachte Version enthält das schmale Buch *The Beginning of Guidance* (dessen Übersetzung die zweite Hälfte meines Buchs *The Faith and Practice of al-Ghazáli* einnimmt). Die Schriften und das Beispiel al-Ghazalis hat offenbar zu einer toleranteren Haltung bei den Theologen gegenüber dem Sufismus geführt, der danach eine stärkere Verbreitung erfuhr. In einigen Teilen der islamischen Welt wurde er geradezu volkstümlich, was den Islam tiefer im Leben von Bevölkerungen verankerte, die bis dahin nur dem Namen nach Muslime waren.

Etwa ein Jahrhundert nach al-Ghazali trat ein weiterer hervorragender Denker auf, dessen Wirkung in genau entgegengesetzte Richtung ging. Es war der ursprünglich aus Spanien stammende Muhyi-d-Din Ibn al-ᶜArabi (1165-1240), der umfangreiche Schriften hinterließ. Darin nahm er verschiedene spekulative Ideen des Sufismus auf und baute sie zu einer, nicht durchweg kohärenten, systematischen mystischen Theologie aus. Sie befand sich, wie er behauptete, in Übereinstimmung mit der islamischen Doktrin, näherte sich jedoch mehr einem Pantheismus. Viele Sufis der östlichen islamischen Welt waren von seinem System angezogen, die großen Sufi-Orden hielten jedoch Abstand.

Die Entstehung der Sufi-Orden fällt ins 11. Jahrhundert. Bereits ein Jahrhundert davor fanden sich Sufigruppen zu besonderen Gebeten und anderen frommen Handlungen zusammen. Auch al-Ghazali sammelte eine Gruppe von Schülern um sich. Äußerst populär war der *dhikr* (wörtlich »Erinnerung, Gedenken, Erwähnung [des Namen Gottes]«), bei dem Mitglieder der Gruppe zusammen Passagen aus dem Koran, die Namen Gottes oder andere religiöse Texte rezitieren. Im 12. Jahrhundert erhielten diese Gruppen eine festere Form, oft in Verbindung mit Initiationszeremonien. Es bildeten sich Gruppen um Führerpersönlichkeiten mit besonderen religiösen Fähigkeiten. Obwohl der Koran sich gegen das Zölibat aussprach und zur Heirat aufforderte und obwohl die frühen Sufis normalerweise auch verheiratet waren, hielten sich im 12. Jahrhundert jene, die in die Orden eintraten, selbst für »arme Männer« oder »Bettler« (*faqir, darwisch*) und blieben unverheiratet. Solche Männer lebten dann auch in sogenannten *ribat* zusammen. Das Wort bezeichnete ursprünglich wohl eine Grenzfeste, doch so, wie es von den Sufi-Orden gebraucht wurde, handelte es sich um ein Kloster. Als Ausnahmeerscheinung wurde der Safawiya-Orden zur militärischen Grundlage für die Errichtung der Safawidendynastie in Iran im Jahr 1501; und im Osmanischen Reich war das Janitscharenkorps eng mit dem Bektaschiya-Orden verbunden.

Einer der frühesten organisierten Orden war die Qadiriya (nicht zu verwechseln mit der häretischen Sekte der Qadariya oder Qadariten). Der Orden entstand im Umkreis um ᶜAbd al-Qadr al-Dschilani (1077-1166), einem hanbalitischen Rechtsgelehrten, der jedoch tiefe mystische Erfahrungen gemacht hatte. Für ihn wurde außerhalb von Bagdad ein *ribat* gebaut, zu dem die Anhänger strömten. Der Orden verbreitete sich schnell in anderen Teilen von Westasien und in Ägypten und brachte viele Untergruppen hervor. Ein weiterer wichtiger Orden war die Schadhiliya, gegründet von asch-Schadhili (gest. 1258) in Alexandria; dieser Orden fand später weite Verbreitung in Nordafrika und Arabien. Unter den osmanischen Türken war der Bektaschi-Orden äußerst populär, der in vielen Punkten von der Hauptrichtung des Islam her seinen Ausgang nahm. Der Mevlevi-Orden oder die Mawlawiya, gegründet von Dschalal ad-Din ar-Rumi (gest. 1273) in Konya, fand keine weite Verbreitung, seine Anhänger wurden jedoch wegen der Verwendung von Musik und Tanz beim *dhikr* als die »tanzenden Derwische« bekannt. Aufgrund der indischen mystischen Tradition ist es nicht verwunderlich, daß in Indien viele Sufi-Orden auftraten, sowohl die allgemein bekannten wie die Qadiriya und die Naqschbandiya als auch viele andere, die sich auf den indischen Subkontinent beschränkten.

Je fester organisiert ein Orden war und einen je ausgeprägteren Charakter er annahm, um so mehr vermochte er Anhänger an sich zu ziehen, die nicht volle Mitglieder des Ordens wurden, aber am Ordensleben in irgendeiner Form teilnahmen. Mitunter wurde zwischen Orden unterschieden, deren Mitglieder und Anhänger sich ausschließlich aus der Stadtbevölkerung rekrutierten, und solchen, die eine Anziehung auf die Dorfbevölkerung ausübten. Je mehr solcher Orden es gab, desto mehr nichtislamische Praktiken schlichen sich ein, besonders in die Orden auf dem Land, wo lokale Traditionen noch sehr lebendig waren. In Indien etwa hatte die hinduistische mystische Tradition Einfluß auf viele Orden, und einige indische Theologen versuchten, dieser Tendenz entgegenzuwirken, indem sie die gültige Theologie dahingehend veränderten, daß sie einen moderaten Sufismus begünstigte. Der bekannteste von ihnen war Schah Wali Allah von Delhi (1702-1762).

Es ist schwierig, ein ausgewogenes Bild des Sufismus zu zeichnen. Auf der einen Seite gibt es einige wunderbare Schriften, deren mystische Tiefe auch viele Menschen aus dem Westen angezogen haben, auf der anderen Seite kannten die Sufiorden ihre Höhen und ihre Tiefen. In früheren Zeiten hatten sie sicherlich Anteil an der weiteren Verbreitung der Religion bei den einfachen Leuten, die kaum in der Lage waren, den geistigen Verrenkungen der Theologen zu folgen, als diese sich mehr und mehr in akademischen Spitzfindigkeiten verloren. Mit der Zeit wichen einige Orden allerdings von der Hauptrichtung des Islam auf eine Weise ab, die zu einer Verkümmerung ihres religiösen Inhalts führte. Es gab Scharlatanerie, und man weiß um das faule Lotterleben von Ordensangehörigen, die von den Beiträgen armer Dorfbewohner lebten. Es ist daher kein Wunder, daß gebildete Muslime auch aus anderen als nur theologischen Gründen gegen die Sufi-Orden eingestellt waren. Dennoch, das Gebiet ist so weit, daß eine Übersicht über die Verhältnisse des Sufismus und seiner Orden heutzutage so gut wie unmöglich ist.

Die Herausforderung der modernen Welt

Bleiben noch einige Worte zu sagen zu den großen Veränderungen in der zweiten Hälfte des 20. Jahrhunderts und darüber, wie sie sich auf den Islam und das Verhältnis zwischen Muslimen und Christen auswirken.

Die Globalisierung

Seit ungefähr 1970 läßt sich ein Wiederaufleben des Islam beobachten. Es ist dies keineswegs eine einheitliche Bewegung. Zum Teil handelt es sich um eine Antwort auf die Globalisierung und trägt, trotz ähnlicher Erscheinungen in anderen Religionen, deutlich islamische Züge. Die mittelalterliche Vorstellung einer strikten Unterscheidung zwischen dem Gebiet des Islam und dem Gebiet des Krieges (*dar al-Islam, dar al-harb*) übt noch immer einen gewissen Einfluß aus. Diese Vorstellung entstand zur Zeit der islamischen Expansion, als die Muslime die Hoffnung hatten, daß ihre Religion bald von der ganzen Welt als die einzige gültige Religion akzeptiert werde. Gebiete, die noch nicht unter muslimischer Herrschaft standen, wurden als feindlich betrachtet, das heißt als Orte, wo Krieg möglich und vielleicht notwendig war.

Der Glaube an den Unterschied zwischen dem Islam und dem Rest der Welt zeigt sich auf verschiedene Weise. Es gibt Versuche, ausschließlich muslimische Enklaven zu schaffen. Auch Saudi-Arabien verbietet jede Form nicht-muslimischen Gottesdienstes, obwohl es Nicht-Muslime als Mitarbeiter in verschiedenen Projekten gern bei sich sieht. Während Staatsmänner in den meisten nichteuropäischen Ländern europäische Kleidung tragen, kleiden sich arabische Staatsmänner auf arabische Weise. Yassir Arafat, der Repräsentant der Palästinenser, hat zumindest seine *keffiyeh* (Kopftuch) behalten. In Frankreich gab es Unruhe, weil muslimische Traditionalisten ihre

Töchter Kopftücher tragen lassen wollten. Und wo westliche Vorstellungen in bestehende islamische Rechtssysteme übernommen wurden, gab es Versuche, erstere durch eine Rückkehr zur ursprünglichen Rechtsform des Islam zu ersetzen. Dabei wird nicht ausreichend erkannt, daß diese Sehnsucht nach einem reinen Islam kaum vereinbar ist mit der Sehnsucht, wie der übrige Teil der Welt an den materiellen Seiten eines Lebensstils teilzuhaben, und die Gefahr eines Abdrängens der Muslime in ein Ghetto besteht.

Manches an dieser Wiederbelebung wird in westlichen Medien als »islamischer Fundamentalismus« ausgewiesen, was jedoch ein unpassender Begriff ist. »Fundamentalismus« bezeichnet in erster Linie bestimmte Formen des christlichen Protestantismus. Eine ähnliche Tendenz im römischen Katholizismus wird im Französischen *intégrisme* genannt. Keiner dieser Begriffe paßt jedoch für die islamische Bewegung. Besser wäre es, von Traditionalismus zu sprechen. Er umfaßt viele unterschiedliche Gruppen, von denen einige hoffen, daß eine Rückkehr zum frühen Islam mit friedlichen Methoden zu erreichen sei, andere jedoch setzen auf militante politische Programme. Und dann gibt es noch weitere Gruppen, für die keiner dieser Begriffe angemessen ist.

Auf der anderen Seite befinden sich jene, die als liberal bezeichnet werden. Sie sind überzeugt, daß die Muslime nicht in der Lage sein werden, am modernen Leben der Welt teilzunehmen, wenn sie nicht westliche Vorstellungen übernehmen. Deshalb versuchen sie, grundlegende islamische Glaubensvorstellungen dahingehend neu zu formulieren, daß sie mit diesen Positionen vereinbar sind – oder zumindest nicht eindeutig unvereinbar sind. Dies setzt sie unvermeidlich der scharfen Kritik der Traditionalisten aus, wie dies im Fall von Sir Sayid Ahmad Khan in Indien der Fall war. In Ägypten machte der Theologe Muhammad ᶜAbduh (1849-1905), Leiter der traditionellen al-Azhar-Universität und Großmufti von Ägypten, einen Anfang in dieser Richtung. Er nahm die Reform der Lehre an der al-Azhar in Angriff und setzte sich für Rechtsreformen ein. Seine Vorstellungen brachte er in dem Buch *Risalat at-tawhid* (Die Theologie der Einheit) zum Ausdruck, was aber nur zeigt, daß er den Traditionalisten näher stand als den Liberalen. Einige spätere muslimische Denker waren weit kühner. Unter den heute lebenden müßte Mohammed Arkoun genannt werden, ein Algerier und Professor in Paris, sodann Mahmoud Ayoub, ein Libanese, der Professor in den Vereinigten Staaten ist, Akbar Ahmed, ein Pakistani, derzeit Gastprofessor in Cambridge.

Die Probleme des Islam heute

Nach diesem kurzen Überblick, wie Muslime mit der Globalisierung umzugehen versuchten, soll noch etwas zu den Problemen gesagt werden, denen sich der Islam aus der Sicht eines Außenstehenden immer noch gegenübersieht. Weil die westlichen Vorstellungen heute dank der verschiedenen Medien weltbeherrschend sind, ist es notwendig, daß die Muslime lernen, mit ihnen zu leben und gleichzeitig ihre grundlegenden Glaubensvorstellungen zu bewahren. Der Entwicklungsgedanke nimmt heute in der westlichen Vorstellung einen zentralen Platz ein, während die altarabische Vorstellung, die von den Muslimen im allgemeinen übernommen worden war, darin bestand, daß die Welt sich nicht verändert. Es mag zutreffen, daß die nomadische Lebensform sich seit der Zeit Muhammads bis zum Beginn des 20. Jahrhunderts wenig veränderte, im Zuge der Globalisierung haben jedoch unbestreitbar große Veränderungen in der Welt stattgefunden. Angesichts des Wandels sozialer Strukturen ist es unvernünftig, davon auszugehen, daß eine Rückkehr zu einem Islam der Zeit Muhammads und der rechtgeleiteten Kalifen tatsächlich möglich wäre. Die grundlegenden Rechtsvorstellungen des Islam haben ihre Gültigkeit, doch müssen sie den veränderten Gegebenheiten von heute angepaßt werden.

Im westlichen Denken tritt eine Haltung gegenüber historischen Ereignissen zutage, die zu Fragen über die Richtigkeit einiger traditionalistischer Vorstellungen zur Geschichte des Islam führen. War die Epoche der rechtgeleiteten Kalifen tatsächlich eine ideale Epoche? Immerhin wurden drei von ihnen umgebracht. Waren die Umaiyaden so unislamisch wie gemeinhin angenommen? Man könnte mit solchen Fragen fortfahren, dennoch scheint dies die grundlegende Glaubenslehre nicht in Frage zu stellen, selbst wenn die traditionellen Vorstellungen über die Geschichte einer Religion sich als unrichtig herausstellen oder sogar ganz falsch sein sollten. Man kann überkommene Vorstellungen zur Geschichte des Islam radikal revidieren und dennoch ein guter Muslim bleiben.

Die Disziplin der historisch-philologischen Kritik ist eng mit einer Geschichtsauffassung verknüpft. Auf die Bibel angewendet, veranlaßte sie die Christen, die Vorstellungen, wie die Bibel zu ihrer gegenwärtigen Form gefunden hatte, umfassend zu revidieren. Da der Koran aber innerhalb eines Vierteljahrhunderts offenbart und kurz danach endgültig zusammengestellt wurde, sind dort die Probleme anders gelagert. Aufgabe einer historisch-philologischen Kritik des Korans wäre die Datierung verschiedener Passagen und eine Untersuchung der Art und Weise, wie Stellen aus verschiedenen Zeiten zusammengestellt wurden und Suren bildeten.

Die wissenschaftlichen und philosophischen Seiten des westlichen Weltbildes stellen für alle Religionen ein Problem dar. Es ist ein Gebiet, auf dem muslimischen Gelehrten viel zu tun bleibt, obwohl schon wichtige und nützliche Anstrengungen unternommen wurden. Mehr als ein Jahrhundert lang versuchten christliche Gelehrte, ein Verständnis über das Wesen und Handeln Gottes zu gewinnen, das den gesicherten Ergebnissen der Wissenschaft nicht widersprach, auch wenn es in Widerspruch zu anderen Ideen steht, die für wissenschaftlich gehalten werden. Und auf diesem Gebiet wurden einige wichtige Fortschritte erzielt. Muslime könnten diesbezüglich etwas von christlichen Denkern lernen. Ein Problem ist der Widerspruch zwischen der Aussage, daß Gott die Welt in sechs Tagen geschaffen hat, und der wissenschaftlichen Annahme, daß es einen langen Entwicklungsprozeß gab. Einige Muslime argumentierten, daß Wissenschaftler über die Evolutionstheorie nicht einig seien und man sie daher nicht übernehmen müsse. Das ist falsch. Kein Wissenschaftler leugnet, daß es einen langen Evolutionsprozeß über Millionen von Jahren gegeben hat. Der Gläubige, der sowohl die Vorstellung von der Schöpfung als auch der

Evolution annehmen will, muß sich auf eine vertiefte Betrachtung über die Natur der religiösen Wahrheit einlassen und der mannigfaltigen Wege, wie diese Wahrheit wörtlich oder metaphorisch, bildlich oder poetisch zum Ausdruck kommt.

Abgesehen von der Notwendigkeit, sich mit westlichen Anschauungen auseinanderzusetzen, müssen sich Muslime auch mehr Gedanken über den Platz machen, den der Islam in der Welt einnimmt. Auf politischer Ebene waren die islamischen Länder in der Lage, ihre Rolle in der UNO zu spielen. Für den alltäglichen Gebrauch betreiben sie Unternehmen nach westlichem Muster. Nach wie vor sind jedoch Überlegungen über die Beziehungen des Islam zu anderen Religionen nicht weit gediehen, ungeachtet der Tatsache, daß in heutiger Zeit Anhänger verschiedener Religionen sich weit mehr vermischen als je zuvor. Die Grundfrage ist dabei, ob der Islam sich von anderen Religionen so weit abhebt, daß die Vorstellung einer besonderen Sphäre des Islam noch sinnvoll ist, oder ob er einfach eine Religion unter anderen ist, wenn auch in manchen Dingen anderen überlegen. Muslime liberalen Zuschnitts scheinen zu akzeptieren, daß es auch andere gleichwertige Religionen gibt, aber manche Traditionalisten glauben offenbar noch immer, der Islam habe im religiösen Bereich eine einzigartige Stellung inne.

Damit der Islam seine Stellung in einer multireligiösen Welt behaupten kann, müssen Muslime einräumen, daß auch andere Religionen zumindest bis zu einem gewissen Grad Wahrheit enthalten. Der Dialog zwischen den Religionen, sowohl auf formeller, offizieller als auch auf mehr informeller Ebene, wird in der heutigen Welt immer wichtiger, ein Vorgang, in den viele Muslime bereits involviert sind. Es gibt auch andere Gebiete, wo die Kooperation zwischen den Religionen zu Verbesserungen in weltlichen Angelegenheiten führen könnte. Die meisten Religionen wollen den Wert der Familie hochhalten in einer Welt, in der der Niedergang der Familie zu einem Problem wird. Einigkeit besteht auch darin, daß eine Reform der Vereinten Nationen notwendig ist, um die Organisation unparteiischer und effektiver zu machen; dabei könnte ein Komitee aus Vertretern verschiedener Religionen einen wichtigen Beitrag leisten.

Appendix

Das Glaubensbekenntnis des al-Asch^c^ari

Die von al-Asch^c^ari letztlich eingenommene dogmatische Position kommt in einem Glaubensbekenntnis zum Ausdruck, das in seinem Buch über islamische Sekten enthalten ist.[4] Hier soll es als ein Beispiel eines sunnitischen Glaubensbekenntnisses dienen.

1. *Die Grundzüge der Ansicht der Traditionsgläubigen und Sunnatreuen sind folgende: sie bekennen sich zu Allah, seinen Engeln, seinen Schriften, seinen Propheten, dem, was von Allah (als Offenbarung) gekommen ist, und dem, was zuverlässige (Gewährsmänner) vom Propheten überliefert haben, ohne irgend etwas davon zurückzuweisen.*
2. *Sie bekennen, daß Allah ein einziger, ewiger Gott ist, neben dem es keinen Gott gibt und der weder eine Gefährtin noch Kinder genommen hat,*
3. *daß Muhammad sein Diener und Prophet ist,*
4. *daß das Paradies Wahrheit ist und die Hölle Wahrheit ist,*
5. *daß die Stunde zweifellos kommt und daß Allah die Insassen der Gräber auferwecken wird.*
6. *Sie bekennen, daß Allah auf seinem Throne sitzt, wie er gesagt hat: »Der Rahman (Barmherzige) sitzt auf dem Throne« (20.5),*
7. *daß er zwei Hände hat, ohne (dabei) nach dem Wie zu fragen, wie er gesagt hat: »Ich habe mit meinen beiden Händen geschaffen« (38.75), und: »Vielmehr sind seine Hände ausgebreitet (5.64),*
8. *daß er zwei Augen hat, ohne (dabei) nach dem Wie zu fragen, wie er gesagt hat: »das unter unseren Augen segelte« (54.14),*
9. *und daß er ein Gesicht hatte, wie er gesagt hat: »Und es bleibt das erhabene und gepriesene Gesicht deines Herrn« (55.27).*
10. *Sie bekennen, daß man von den Namen Allahs nicht sagen darf, daß sie etwas anderes seien als Allah, wie die Mutaziliten und Charidschiten behauptet haben,*

11. *und bekennen, daß Allah Wissen hat, wie er gesagt hat: »Er hat ihn (den Koran) in seinem Wissen offenbart« (4.166), und: »Und kein weibliches Wesen wird schwanger oder gebiert (ein Kind) außer mit seinem Wissen« (35.11).*
12. *Sie halten am Hören und Sehen fest und sprechen es Allah nicht ab, wie es die Mutaziliten tun,*
13. *und halten daran fest, daß Allah Kraft hat, wie er gesagt hat: »Haben sie denn nicht gesehen, daß Allah, der sie geschaffen hat, mehr Kraft hat als sie?« (41.15).*
14. *Sie behaupten, daß es auf der Erde nichts Gutes und nichts Schlechtes gibt, außer was Allah will, und daß die Dinge nach dem Willen Allahs geschehen, wie er gesagt hat: »Und ihr wollt nicht, außer Allah will« (81.29); und wie die Muslime zu sagen pflegen: »Was Allah will, geschieht, und was er nicht will, geschieht nicht.«*
15. *Sie behaupten, daß niemand imstande ist, irgend etwas zu tun, bevor er (wirklich) tut, oder daß er vermöchte, sich dem Wissen Allahs zu entziehen oder etwas zu tun, von dem Allah weiß, daß er es nicht tun wird.*
16. *Sie bekennen ferner, daß es keinen Schöpfer außer Allah gibt, daß Allah die schlechten Taten der Menschen schafft, daß Allah (überhaupt) die Handlungen der Menschen schafft und daß die Menschen nicht vermögen, irgend etwas zu schaffen.*
17. *Sie bekennen, daß Allah den Gläubigen hilft, ihm zu gehorchen, aber sich von den Ungläubigen zurückzieht, den Gläubigen gnädig ist, über sie wacht, sie rechtschaffen macht und sie recht leitet, aber den Ungläubigen nicht gnädig ist, sie nicht rechtschaffen macht und sie nicht recht leitet; denn wenn er sie rechtschaffen machte, so wären sie rechtschaffen, und wenn er sie recht leitete, so wären sie auf dem rechten Wege. Sie bekennen, daß Allah imstande ist, die Ungläubigen rechtschaffen zu machen und ihnen gnädig zu sein, so daß sie gläubig wären, daß er aber die Ungläubigen nicht rechtschaffen machen und ihnen nicht gnädig sein will, so daß sie gläubig wären, sondern daß er will, daß sie ungläubig seien, wie er weiß (daß sie ungläubig sein werden), sich von ihnen zurückzieht, sie in die Irre gehen läßt und ihre Herzen verhärtet.*

18. Sie bekennen, daß das Gute und das Schlechte nach dem Ratschluß und der Bestimmung Allahs geschieht, glauben an Allahs Ratschluß und Bestimmung zum Guten und Schlechten, zum Angenehmen und Bitteren,

19. glauben, daß sie nicht die Fähigkeit besitzen, sich selbst zu nützen und zu schaden, außer soweit Allah will, wie er gesagt hat,

20. stellen ihre Sache Allah anheim und halten daran fest, daß man Allah zu jeder Zeit braucht und Allahs unter allen Verhältnissen bedarf.

21. Sie behaupten, daß der Koran das Wort Allahs und unerschaffen ist, und ihre Ansicht über die Lehre (ob der Koran erschaffen oder unerschaffen ist) ist (folgende): Wer die Lehre vertritt, daß der Koran erschaffen ist, oder wer das Urteil verschiebt, gilt ihnen als Neuerer; man sagt weder, daß das Aussprechen des Korans erschaffen noch daß es unerschaffen sei.

22. Sie behaupten, daß Allah am jüngsten Tage mit den Augen gesehen wird, wie man den Mond in der Vollmondsnacht sieht, und zwar sehen ihn die Gläubigen, aber die Ungläubigen sehen ihn nicht, weil sie von Allah ferngehalten sind, (denn) Allah hat gesagt: »Gewiß sind sie von ihrem Herrn an jenem Tage ferngehalten« (83.15). Ferner behaupten sie, daß Moses Allah gebeten hat, ihn in dieser Welt sehen zu dürfen, und daß Allah sich dem Berg offenbart und ihn zu Staub gemacht hat, wodurch er (Moses) wissen ließ, daß er ihn nicht in dieser Welt, sondern im Jenseits sehen würde (7.143).

23. Sie erklären niemand von denen, die sich nach der Qibla wenden, für ungläubig wegen einer Sünde, die er begeht, wie Unzucht, Diebstahl und ähnlicher schwerer Sünden,

24. sondern sie sind (nach ihrer Ansicht) durch den Glauben, den sie besitzen, Gläubige, auch wenn sie schwere Sünden begehen. Der Glaube besteht nach ihrer Ansicht in dem Glauben an Allah, seine Engel, seine Schriften, seine Propheten, an die Vorherbestimmung zum Guten und Schlechten, zum Angenehmen und Bitteren und daran, daß das, was ihnen entging, sie nicht treffen könnte und das, was sie traf, ihnen nicht entgehen könnte, und der Islam besteht darin, daß man bezeugt, daß es keinen Gott gibt außer Allah und daß Muhammad der Gesandte Allahs ist, wie es in der

Tradition (den Hadithen) heißt, und der ist nach ihrer Ansicht etwas anderes als der Glaube.

25. *Sie bekennen ferner, daß Allah der Wandler der Herzen ist.*
26. *Sie bekennen sich ferner zur Fürbitte des Propheten sowie dazu, daß sie sich auf diejenigen seiner Gemeinde erstreckt, die schwere Sünden begangen haben,*
27. *ferner zur Grabesstrafe und dazu, daß der Teich Wahrheit ist und die Brücke Wahrheit ist und die Auferweckung nach dem Tode Wahrheit ist und die Abrechnung Allahs mit den Menschen Wahrheit ist und das Stehen vor Allah Wahrheit ist.*
28. *Sie bekennen ferner, daß der Glaube aus Wort und Tat besteht und zunehmen und abnehmen kann, und sie behaupten weder, daß er geschaffen noch daß er unerschaffen ist.*
29. *Ferner behaupten sie: die Namen Allahs sind Allah,*
30. *und stellen weder irgend jemand von denen, die schwere Sünden begehen, die Hölle noch irgend jemand von den Monotheisten das Paradies in Aussicht, so daß Allah sie dorthin bringt, wohin er will. Ferner sagen sie: ihr Schicksal liegt bei Allah; wenn er will, bestraft er sie, und wenn er will, verzeiht er ihnen.*
31. *Ferner glauben sie, daß Allah einen Teil der Monotheisten Aus der Hölle herausführen wird, wie die Überlieferungen vom Propheten berichten.*
32. *Sie tadeln die zänkische Polemik über die Religion, den Streit über die Vorherbestimmung und die Diskussion über die Gegenstände der Religion, worüber die zänkischen Leute diskutieren und kämpfen, indem sie sich auf die zuverlässigen Überlieferungen und den Inhalt der Nachrichten verlassen, die glaubwürdige, unbescholtene Leute voneinander bis hin zum Propheten überliefert haben, und sie fragen nicht: »Wie?« und »Warum?«, denn das ist eine Neuerung.*
33. *Sie behaupten ferner, daß Gott das Schlechte nicht befohlen, sondern verboten hat, und daß er das Gute befohlen hat und mit dem Schlechten nicht zufrieden ist, wenngleich er es will.*
34. *Sie anerkennen das Recht der Vorfahren, die Allah auserwählt hat, die Genossen seines Propheten zu sein, behaupten ihre Vorzüglichkeit und enthalten sich (eines Urteils) darüber, was zwischen den Kleinen und den Großen unter ihnen strittig war.*
35. *Sie stellen Abu Bakr voran, dann ᶜUmar, dann ᶜUthman, dann*

ᶜAli und behaupten, daß sie die rechtwandelnden, rechtgeleiteten Kalifen und die vorzüglichsten unter allen Menschen nach dem Propheten sind.

36. Sie halten auf Grund der Traditionen (Hadithen), die vom Propheten überliefert werden, für wahr, daß Allah zum untersten Himmel hinabsteigt und sagt: »Bittet jemand um meine Verzeihung?«, wie die Tradition vom Propheten berichtet.

37. Sie halten sich an den Koran und die Sunna, wie Allah gesagt hat: »Wenn ihr euch über irgend etwas streitet, so bringt es vor Allah und den Propheten« (4.59), und meinen, daß man den früheren Imamen der Religion zu folgen hat und daß man keine Neuerungen in der Religion einführen darf, die Allah nicht erlaubt hat.

38. Sie bekennen, daß Gott am jüngsten Tag kommen wird, wie er gesagt hat: »Und es kommt dein Herr und die Engel reihenweise« (89.22),

39. und daß Allah sich seinen Geschöpfen nähert, wie er will, wie er gesagt hat: »Und wir sind ihm näher als die Schlagader« (50.16).

40. Sie meinen, daß man am Fest, am Freitag und in Gemeinschaft hinter jedem Imam beten dürfe, sei er fromm oder sündhaft.

41. Sie anerkennen das Bestreichen der Schuhe als Sunna und halten es bei dauerndem Aufenthalt (sowohl) wie auf der Reise für zulässig.

42. Sie anerkennen die Verpflichtung zum Dschihad gegen die Ungläubigen, seit Allah seinen Propheten sandte bis zur letzten Schar, die gegen den Daddschal (eine Art Antichrist) und (noch) weiter.

43. Sie meinen, daß man für die Imame der Muslime um Rechtschaffenheit bitten soll und nicht gegen sie mit dem Schwerte zu Feld ziehen darf, ferner daß man bei der Fitna nicht mitkämpfen soll.

44. Sie halten auch das Auftreten des Daddschal für wahr und daß Jesus der Sohn der Maria ihn töten wird.

45. Sie glauben an Munkar und Nakir (zwei übernatürliche Wesen, welche die Toten in den Gräbern befragen), die Himmelfahrt des Propheten, den Traum im Schlafe

46. und daß das Gebet für die verstorbenen Muslime und das Almosen für sie nach dem Tode ihnen zugute kommt.

47. Sie glauben, daß man für jeden Verstorbenen unter denen, die sich nach der Qibla wenden, das Totengebet verrichten soll, sei er fromm oder sündhaft, und daß man ihn beerbt.

48. Sie erkennen, daß das Paradies und die Hölle erschaffen sind;

49. *daß, wenn jemand stirbt, er zu dem für ihn bestimmten Termin stirbt, und desgleichen, wenn jemand getötet wird, er zu dem für ihn bestimmten Termin getötet wird;*
50. *daß der Lebensunterhalt von Gott kommt, der damit die Menschen unterhält, sei er erlaubtes oder verbotenes Gut;*
51. *daß der Satan dem Menschen einflüstert, ihm Zweifel eingibt und ihn schlägt;*
52. *daß es möglich ist, daß Allah die Rechtschaffenen durch Zeichen auszeichnet, die an ihnen erscheinen;*
53. *daß die Sunna nicht durch den Koran aufgehoben wird;*
54. *daß das Schicksal der unmündigen Kinder bei Allah liegt, der wenn er will, sie bestrafen kann und, wenn er will, mit ihnen tun kann, was er will;*
55. *daß Allah weiß, was die Menschen tun und aufgeschrieben hat, daß es eintreten wird, und daß die Dinge in der Hand Allahs stehen.*
56. *Sie meinen, daß man bei der Entscheidung Allahs ausharren, sich an den Befehl Allahs halten, sich dessen, was Allah verboten hat, enthalten und mit Tat und Rat aufrichtig für die Muslime wirken soll.*
57. *Sie üben die Religion, indem sie Allah mit seinen Dienern dienen, die Gemeinschaft der Muslime beraten und sich der schweren Sünden enthalten, der Unzucht, der Lüge, der Parteilichkeit, der Ruhmsucht, des Stolzes, der Verleumdung und der Eigenliebe.*
58. *Sie meinen, daß man sich von jedem, der zu einer Neuerung auffordert, fernhalten und sich mit der Rezitation des Korans, dem Niederschreiben der Traditionsnachrichten (Hadithen) und dem Studium des Rechts (fiqh) beschäftigen soll, indem man Demut, Bescheidenheit und Gutartigkeit übt, reichlich Gutes tut, das Schlechte verhindert, Verleumdung aller Art unterläßt und die Gier nach Speise und Trank unterdrückt.*

Das sind die Grundzüge dessen, zu dem sie auffordern, das sie anwenden und das sie meinen, und alle ihre Behauptungen, die wir angeführt haben, behaupten und vertreten (auch) wir. Unser Erfolg ist nur bei Allah, er ist unser Genüge und ein guter Sachwalter; zu ihm nehmen wir unsere Zuflucht, auf ihn vertrauen wir und zu ihm führt der Weg.

Anmerkungen des Übersetzers

1 Für die deutsche Übersetzung wurde die Übersetzung von Rudi Paret, Stuttgart 1979, gewählt. Parets Ergänzungen sind nur dort berücksichtigt, wo sie mit der Übersetzung von Watt übereinstimmen.

2 Nicht so im Deutschen, wo der Gesandte, etwa im Zusammenhang mit Christus, durchaus in der Kombination »des Gesandten Gottes« gebraucht werden kann.

3 Es handelt sich um die al-musta'riba (»die Arabisierten«), eine der drei Gruppen der arabischen Genealogie. Als Stammvater dieser Gruppe wird auch Adnan genannt. Vgl. 1. Mose, 25.

4 Die deutsche Übersetzung folgt weitgehend der Fassung von Joseph Schacht aus *Der Islam mit Ausschluß des Qor'áns*, Tübingen 1931, S. 56-61. Dadurch ergibt sich dort, wo Koranzitate im Glaubensbekenntnis angeführt werden, bedingt durch die Übersetzung von Schacht, ein anderer Wortlaut als in der sonst in diesem Band benutzten Koranübersetzung von Paret. Die gelegentlich in Klammern beigefügten Angaben zu Koranversen folgen aber der Zählung von Paret. Der Übersichtlichkeit halber wurde beim Glaubensbekenntnis des al-Asch^{c}ari die Numerierung aus der englischen Originalausgabe von Watt übernommen.

Ausgewählte Literatur

Die Bibliographie vom W. M. Watt wurde um einige wichtige Titel, die in deutscher Sprache zugänglich sind, erweitert.

Allgemein

Cahen, Claude: *Der Islam I. Vom Ursprung bis zu den Anfängen des Osmanenreiches*, Frankfurt, M. 1987.

Calverley, Edwin E.: *Worship in Islam*, Madras 1925.

Endreß, Gerhard: *Der Islam. Eine Einführung in seine Geschichte*, München 1991.

Esposito, John L.: *Islam: The Straight Path*, New York 1988.

Gibb, H. A. R.: *Islam: A Historical Survey*, London 1975.

Grunebaum, G. E. von (Hg.): *Der Islam II. Die islamischen Reiche nach dem Fall von Konstantinopel*, Frankfurt, M. 1971.

Hartmann, Richard: *Die Religion des Islam. Eine Einführung*, Berlin 1944 (Nachdr. Darmstadt 1987).

Holm, J. und J. Bowker (Hg.): *Themes in Religious Studies*, London 1994.

Lewis, Bernhard (Hg.): *Die Welt des Islam. Geschichte und Kultur im Zeichen des Propheten*, Braunschweig 1961.

ders. (Hg.): *Der Islam von den Anfängen bis zur Eroberung von Konstantinopel*, 2 Bde., Zürich, München 1981.

Schacht, Joseph und C. E. Bosworth (Hg.): *Das Vermächtnis des Islams*, 2 Bde., Zürich, München 1980.

Schimmel, Annemarie: *Der Islam: Eine Einführung*, Stuttgart 1990.

Watt, William Montgomery (u.a.): *Der Islam*, Bd. 1-3, Stuttgart 1980-90.

Der Werdegang des Propheten Muhammad

Paret, Rudi: *Mohammed und der Koran. Geschichte und Verkündigung des arabischen Propheten*, Stuttgart 1957 (TB 1991).

Watt, Willam M.: *Muhammad at Mecca*, Oxford 1953.

ders.: *Muhammad at Medina*, Oxford 1956.

ders.: *Muhammad, Prophet and Statesman*, London 1961.

ders.: *Muhammad's Mecca: History in the Qur'án*, Edinburgh 1988.

Der Koran

Der Koran, Dt. Übersetzung von Adel Theodor Khoury, Gütersloh 1987.

Der Koran, Dt. Übersetzung von Rudi Paret, Stuttgart 1966 (TB 1985).

Arberry, Arthur J.: *The Koran Interpreted*, London 1955.

Cragg, Kenneth: *The Event of the Qur'án: Islam in Its Scripture*, Oxford 1995.

Nagel, Tilman: *Der Koran. Einführung, Texte, Erläuterungen*, München 1983.

Nöldeke, Theodor: *Geschichte des Qor'ns*, 2. Aufl., 3 Bde., Leipzig 1909, 1919, 1938 (Nachdr. Hildesheim 1961, 1970).

Paret, Rudi: *Der Koran: Kommentar und Konkordanz*, Stuttgart 1971

Pickthall, Marmaduke: *The Meaning of the Glorious Koran*, London 1930.
Watt, William M. und Richard Bell: *Introduction to the Qur'án*, Edinburgh 1970.
ders.: *Companion to the Qur'án*, Oxford 1994.

Islamisches Recht
Coulson, Noel J.: *A History of Islamic Law*, Edinburgh 1964.
»*Orientalisches Recht*«, in: *Handbuch der Orientalistik*, Abt. I, Erg.-Bd. 3, Leiden, Köln 1964.
Schacht, Joseph: *An Introduction to Islamic Law*, Oxford 1964.
Spies, Otto: »Klassisches islamisches Recht«, in: *Handbuch der Orientalistik*, Abt. I, Erg.-Bd. 3, Leiden, Köln 1964, S. 220-343.

Islamische Theologie
Ess, Josef van: *Zwischen Hadit und Theologie. Studien zum Entstehen prädestinatianischer Überlieferung*, Berlin 1975.
Halm, Heinz: *Die Schia*, Darmstadt 1988.
Massignon, Louis: *La Passion de Husayn ibn Mansûr Hallâj, martyr mystique de l'Islam*, 4 Bde., Paris 1975.
Watt, William Montgomery: *Der Einfluß des Islam auf das europäische Mittelalter*, Berlin 1988.
ders.: *Islamic Creeds: A Selection*, Edinburgh 1994.
ders.: *Islamic Philosopphy and Theology*, Edinburgh 1985.
ders.: *The Faith and Practice of Al-Ghazáli*, Oxford 1994.
Yann, Richard: *Der verborgene Imam. Die Geschichte des Schiismus im Iran*, Berlin 1983.

Mystik
Andrae, Tor: *Islamische Mystiker*, Stuttgart 1960.
Ritter, Hellmut: *Das Meer der Seele. Mensch, Welt und Gott in den Geschichten des Far'dudd'n ᶜAtt'r*, Leiden 1955.
Schimmel, Annemarie: *Mystische Dimensionen des Islam*, Köln 1986.
Smith, Margaret: *Rabiᶜa: The Life and Work of Rabiᶜa and Other Women Mystics of Islam*, Oxford 1995.

Moderne
Ahmed, Akbar: *Postmodernism and Islam: Predicament and Promise*, London 1992.
Al-Azmeh, Aziz: *Die Islamisierung des Islam. Imaginäre Welten einer politischen Theologie,* Frankfurt/M. 1996.
Bowker, J.: *Voices of Islam*, Oxford 1995.
Cragg, Kenneth: *Counsels in Contemporary Islam*; Edinburgh 1965.
Ende, Werner/Udo Steinbach (Hg.): *Der Islam in der Gegenwart*, München 1989.
Rahman, Fazlur: *Islam and Modernity: The Transformation of an Intellectual Tradition*, Chicago 1982.

Register

Auf die Aufnahme von Begriffen und Namen, die sich durch das ganze Buch hindurchziehen, wie *Islam, Koran, Muhammad, Mekka* u.ä., wurde verzichtet.